Gisela Dachs  : Bundeszentrale für
politische Bildung

··

israel kurzgefasst

— *Zweite Auflage: Mai 2010, ISBN 978-3-8389-7024-0*

— Zur Autorin

Gisela Dachs, Jahrgang 1963, studierte Literaturwissenschaften und Philosophie an der Sorbonne-Universität in Paris. Sie arbeitete zunächst als Redakteurin bei der französischen Tageszeitung „Libération" und ab 1990 im Politik-Ressort der ZEIT in Hamburg. Seit 1994 ist sie die Korrespondentin der ZEIT in Israel, wo sie auch mehrere Jahre für den Zürcher „Tagesanzeiger" schrieb.

Buchveröffentlichungen: Getrennte Welten. Israelische und palästinensische Lebensgeschichten, Basel 1998.
Deutsche, Israelis, Palästinenser. Ein schwieriges Verhältnis (Hg.), Heidelberg 1999.

— Impressum

— *Herausgeberin:* Bundeszentrale für politische Bildung / bpb, Adenauerallee 86, 53113 Bonn, www.bpb.de

— *Redaktion:* Nicole Alexander, Berlin; Jutta Klaeren (verantwortlich in der bpb), Jürgen Faulenbach, Waltraud Arenz

— *Redaktionelle Mitarbeit:* Heinrich Bartel, Hanna Huhtasaari, Patrick Pilarek

Eine Anmerkung zu den Schreibweisen: Da die Umschrift aus dem Hebräischen und dem Arabischen ins Deutsche sehr unterschiedlich gehandhabt wird, wurde bei Namen und Begriffen die in der deutschen Publizistik übliche Schreibweise gewählt.

— *Titelbild:* Jerusalem: die Jaffa Straße am Zionsplatz – Serge Attal / Flash90

Für Fotos liegen die Rechte nicht bei der bpb, sondern den jeweiligen Agenturen bzw. Fotografen.

— *Grafik:* Leitwerk. Büro für Kommunikation, Köln, www.leitwerk.com

— *Karten:* Ingenieurbüro für Kartographie Dr. H.J. Kämmer, Berlin

— *Druck:* Druckerei Plump, Rheinbreitbach

— *Zweite Auflage:* Mai 2010, ISBN 978-3-8389-7024-0

— *Bestellungen:* www.bpb.de > Publikationen > pocket

— *Bestellnummer:* 2.048

Die Bundeszentrale für politische Bildung / bpb ist ausschließlich für ihre eigenen Internetseiten verantwortlich; für alle anderen gilt Haftungsausschluss.

— Inhalt

israel kurzgefasst

Anhang

Vorwort

Aus Israel erreichen uns immer wieder dramatische Bilder des Nahost-Konflikts. Bei aller Beschäftigung mit diesem Thema geht häufig der Blick auf das alltägliche Leben der Menschen verloren: Auf eine Gesellschaft, die es seit der Staatsgründung im Jahr 1948 geschafft hat, ein Agrarland mit mangelhafter Infrastruktur in eine Hightech-Nation zu verwandeln, die zu den 20 wichtigsten Industriestaaten in der Welt gehört. Bis heute sind rund drei Millionen Menschen auch aus vielen weniger entwickelten Ländern eingewandert und integriert worden. Der jüdische Staat ist zudem für viele Überlebende des Holocaust zur Heimat geworden. Deutschland ist mit Israel nicht zuletzt aufgrund dieser Vergangenheit auf besondere Weise verbunden.

Israel näher kennen zu lernen, ist Ziel dieses Buches. Das handliche Format bietet eine erste Orientierung über ein faszinierendes Land und eignet sich ebenso als Reisebegleiter. Es soll dazu beitragen, differenzierte Eindrücke zu gewinnen und eigene Standpunkte zu überprüfen.

Die seit vielen Jahren in Tel Aviv lebende Publizistin Gisela Dachs beschreibt auf ebenso verständliche wie anschauliche Art die komplexe Lebensrealität in Israel, um mit dem Fazit zu schließen: „Israel ist ein einzigartiges Experiment, das längst noch nicht abgeschlossen ist – und vielleicht gerade deshalb für viele so unfassbar und fesselnd zugleich".

Jutta Klaeren

Bild rechts: Im Anflug auf Tel Aviv – Blick aus dem Flugzeug.

Quelle: F1 Online

Offizieller Name
Medinat Isra'el (Staat Israel)

Regierungsform
Parlamentarische Demokratie

Unabhängigkeitserklärung
14. Mai 1948 (Proklamation des
Staates Israel)

Hauptstadt
Jerusalem (international nicht
anerkannt)

Amtssprachen
Hebräisch (Ivrit), Arabisch;
Handelssprache: Englisch

Währung
1 Neuer Israelischer Schekel (NIS)
= 100 Agorot

Fläche
20. 770 km² (in den Waffenstillstands-
linien von 1949 – „Grüne Linie")

Bevölkerung
7,24 Millionen Einwohner
(einschließlich Israelis im Westjordanland, in Ostjerusalem und
auf den Golanhöhen)

Bevölkerungswachstum pro Jahr
1,8 %

Ethnien und Religionen
80 % jüdische Israelis und Andere.
Davon sind 94,6% Juden, 0,5 %
nicht-arabische Christen und 4,9 %
ohne Religionszugehörigkeit.
20 % arabische Israelis. Davon sind
83,2 % Muslime, 8,4 % arabische
Christen und 8,3 % Drusen.

In Städten leben
91,7 %

Geburtenrate
2,9 Geburten/Frau

Lebenserwartung
Männer: 78,8 Jahre,
Frauen: 82,5 Jahre

Nationalfeiertag
Unabhängigkeitstag, der nach dem
jüdischen Kalender wechselweise im
April oder Mai gefeiert wird

Telefon-Vorwahl
+972

Kfz-Kennzeichen
IL

Zeitzone
+1

Quelle: Central Bureau of Statistics Israel (CBS), Stand: Ende 2007.
Im Internet unter: www.cbs.gov.il

— Der Flughafen – Sicherheitsschleuse und Sehnsuchtsort

Wer nach Israel reist, trifft in der Regel am Internationalen Flughafen Ben Gurion bei Tel Aviv ein. Dass dieser in der israelischen Psyche einen hohen Stellenwert einnimmt, sagt viel über das Land aus. Nähern wir uns ihm also aus der Luft an.

Der erst kürzlich erweiterte Flughafen ist Sicherheitsschleuse und Nadelöhr zugleich für die Einheimischen, die den Weg in die Ferne suchen. Und sie tun es häufig – entweder weil ihnen aus beruflichen Gründen keine andere Wahl bleibt oder weil ihnen die Heimat, die etwa so groß wie Hessen ist, manchmal einfach zu eng wird.

Als Mittel gegen Klaustrophobie reichte vielen Israelis lange Zeit allein schon die Atmosphäre am Flughafen. Dessen heilsame Wirkung wurde sogar besungen. In dem hebräischen Schlager „Terminal Luminlat" des 1999 verstorbenen Sängers und Songwriters Meir Ariel heißt es:

„Nach meiner Entlassung empfahlen mir die Ärzte / Einen monatlichen Besuch auf dem Flughafen / Es tut mir wirklich gut, ein großes Flugzeug / Durch klare Tränen starten zu sehen. / Danach ist der Druck schon leichter auf dem getränkten Auge / Ich mache mir einen angenehmen Nachmittag, fahre zum Flughafen / Sage mir selbst unterwegs, auch das müssen wir uns noch abgewöhnen. / Mein Selbst erwidert mir bei der Ankunft, dann beginnen wir, jeden Tag zu üben. / Terminal, je t'aime, I love you, / Terminal bella mia."

Das Wegfliegen hat für Israelis eine besondere Bedeutung. Für sie gibt es eine klare Zweiteilung des Globus: Da ist zum einen Israel, mehr oder weniger losgelöst von seiner tatsächlichen Geographie, zum anderen das – nur durch die Luft zu erreichende – Ausland. Denn die Israelis können sich nicht einfach ins Auto setzen und in eines der Nachbarländer fahren.

Inseldasein

Die Grenzen im Norden sind – da es weder mit dem Libanon noch mit Syrien ein Friedensabkommen gibt – verschlossen. An den Übergängen zum Gazastreifen, in den kein Israeli hinein darf, kommt es regelmäßig zu Auseinandersetzungen mit der radikal-islamischen Hamas, die dort im Juni 2007 die Macht übernommen und seither immer wieder Raketen auf israelisches Territorium abgefeuert hat. Der Gaza-Krieg Ende 2008/ Anfang 2009 sollte den Beschuss beenden.

Doch auch der Zugang zu den Autonomie-Gebieten im Westjordanland, die von der eher gemäßigten Palästinenser-Organisation Fatah regiert werden, ist den Israelis – Journalisten ausgenommen – verwehrt. Jordanien hat zwar im Oktober 1994 Frieden mit Israel geschlossen, aber Israelis sollten sich dort lieber nicht offen zu ihrer Nationalität bekennen.

Bleibt die ägyptische Halbinsel Sinai. Viele Jahre lang war sie vor allem während der Pessach-Woche – einem zentralen Fest im Judentum, mit dem an den Auszug der Israeliten aus der ägyptischen Sklaverei erinnert wird – ein beliebtes Reiseziel für junge Israelis, die dort am Strand kampierten oder in kleinen Beduinen-Hütten wohnten. Das war eine richtige Tradition, die spaßeshalber als „umgekehrter Auszug aus Ägypten" bezeichnet wurde. Aber Warnungen vor Terror-Anschlägen haben in den letzten Jahren auch diese Reiselust gedämpft. „Stellen Sie sich vor, Israel sei eine Insel", erklärt ein Jerusalemer Diplomat die Eigenwahrnehmung.

Es gab aber auch schon andere Zeiten. Nach dem Osloer Abkommen von 1993, in dem sich Israel und die Palästinensische Befreiungsorganisation (PLO) erstmals gegenseitig anerkannten, machten Israelis gerne Kurzausflüge ins palästinensische Westjordanland: zum Essen nach Bethlehem, abends zum Jazz-Konzert in die heimliche Palästinenser-Hauptstadt Ramallah oder nachts ins Spielkasino nach Jericho.

Wer nur die zugemauerte Realität seit dem bewaffneten Aufstand der Palästinenser im Herbst 2000 – der so genannten zweiten Intifada – kennt, kann sich kaum vorstellen, dass man vor gar nicht allzu langer Zeit von Jerusalem bis Ramallah mit dem Auto nur 20 Minuten brauchte.

Empfindliche Lebensader

Der Umbau des Flughafens in den 1990er Jahren fiel in die Zeit der Euphorie über den damals begonnenen Friedensprozess. Marmor, Glas und Stahl funkeln überall, unendlich lange Rollbänder bringen die Passagiere zu einzigartigen Duty-free-Läden. Denn nur hier kann man riesige Kühlschränke und Plasma-Fernsehgeräte nicht nur kaufen, sondern auch gleich deponieren, um sie erst nach der Rückkehr von einer Reise mit nach Hause zu nehmen.

Dass der Flughafen einer Lebensader gleichkommt, zeigt die Tatsache, dass ein Streik an keinem anderen Ort so viel Wirkung zeigt wie hier. Doch auch strategisch symbolisiert er eine der empfindlichsten Stellen des ganzen Landes: Groß ist die Angst vor einem Anschlag auf das Gebäude selbst oder auf den Flugverkehr.

Entsprechend penibel sind die Kontrollen und Fragen des Sicherheitspersonals. Manch ausländischer Reisender braucht Tage, um sich davon zu erholen. Auf Israelis hingegen – die sich über eine solche Behandlung etwa in den USA unmäßig aufregen können – haben sie einen beruhigenden Effekt. Auch spielt bei allen Rückzugserwägungen aus dem Westjordanland die Angst, dass es eines Tages feindliche Raketen bis zu diesem neuralgischen Punkt schaffen könnten, immer mit eine Rolle.

Denn wer auf dem Flughafen Ben Gurion landet, befindet sich nur wenige Kilometer von der Grünen Linie entfernt, die das Westjordanland von Israel trennt; 50 Kilometer sind es bis zur Heiligen Stadt Jerusalem und 19 Kilometer nach Tel Aviv, der säkularen Mittelmeermetropole mit ihren gläsernen Bürotürmen. Bis Degania Alef am See Genezareth, dem ältesten Kibbuz Israels,

braucht man gut zwei Autostunden, etwas weniger bis zur Entwicklungs-
stadt Sderot in der Wüste Negev.

Eins aber haben diese vier so unterschiedlichen Orte gemeinsam – sie alle
sind Eckpfeiler des israelischen Daseins. Wer es aus der Nähe betrachtet,
entdeckt bald eine komplexe Gesellschaft voller Gegensätze und oft auch
verwirrender Widersprüche. Viele Reisende kommen deshalb mit klaren
Vorstellungen an, fahren aber mit vielen Fragen wieder ab. Das mag mit daran
liegen, dass Israel im Nahen Osten liegt, aber in Europa ersonnen wurde.

*Stahl, Glas und Marmor funkeln überall: der 2004 fertig gestellte Terminal 3 des
Internationalen Flughafens Ben Gurion bei Tel Aviv.*

— Die Israelis – eine bunt gemischte Nation

1. Der jüdische Israeli – europäisch versus orientalisch

Israel ist ein Land, das aus einer Idee heraus geboren wurde. Als der aus Budapest stammende jüdische Journalist und Schriftsteller Theodor Herzl Ende des 19. Jahrhunderts sein berühmtes Buch „Der Judenstaat" verfasste, schwebte ihm ein Modell vor, das ein Gegenentwurf sowohl zur assimilierten Lebensweise der westeuropäischen Juden als auch zur stark vom Glauben geprägten, traditionellen Lebensform der osteuropäischen Juden sein sollte.

Eine Existenz also fernab von ewiger Verfolgung, vom jiddisch sprechenden Schtetl, von Frömmigkeit und Minderheitendasein. Die späteren Gründerväter des israelischen Staates, geprägt von den sozialistischen Ideen der Russischen Revolution, taten dann in der ersten Hälfte des 20. Jahrhunderts alles, um Herzls Traum Wirklichkeit werden zu lassen.

In ihrer neuen Heimat Palästina sollten die Juden sich endlich selbst regieren – und kraft des eigenen tätigen Vorbilds einen neuen Menschentypus erschaffen: den Neuen Hebräer. Er sollte säkular sein, fortan ausschließlich hebräisch sprechen und das Land mit seinen eigenen Händen aufbauen und verteidigen.

Plakate, die in den Jahren vor der Staatsgründung 1948 im Jischuv gedruckt wurden, zeigen einen jungen Mann und eine junge Frau mit blonden Haaren und slawischen Gesichtszügen, in Arbeitskluft und mit geschulterter Hacke. Die im Land geborenen Nachkommen der jüdischen Einwanderer hatten sogar eine Kollektivbezeichnung, die bis heute aktuell ist: Zabar (oder Sabre) wurden sie genannt, das ist das hebräische Wort für „Kaktusfeige". Diese Frucht, die in fast allen Ländern rund ums Mittelmeer angebaut wird, ist außen sehr stachelig, ihr Inneres aber schmeckt süß und einzigartig.

Dieser Landwirt verkörperte aus Sicht der Gründerväter den „Neuen Hebräer", der mit seiner eigenen Hände Arbeit das Land aufbaut und es gegen Feinde verteidigt.

So entstand eine ganz neue jüdische Gemeinschaft mit auf den Kopf gestellten Normen. Ganz oben in der sozialen Hierarchie standen fortan die Bauern und Soldaten – ganz unten die Intellektuellen. Die aus freien Stücken gekommenen Pioniere trennten sich wissentlich und willentlich von den elterlichen Traditionen – bis hin zur Kleidung, die betont leger sein sollte. Das war zum einen aufgrund der klimatischen Bedingungen in der neuen Heimat notwendig, sollte zum anderen aber auch ihren Protest gegen eine bürgerliche wie eine religiöse Lebensweise ausdrücken.

Einwanderer aus Mittel- und Osteuropa

Wer den zionistischen Pionieren später auf ihrem Weg ins Gelobte Land nachfolgte, also zunächst vor allem Flüchtlinge aus Mittel- und Osteuropa, tat sich nicht immer leicht mit diesem Sabre-Ideal, das weit entfernt war von der Prägung der jüdischen Gemeinden Osteuropas.

— Theodor Herzl und der Zionismus – eine Vision wird Wirklichkeit

Theodor Herzl um 1894

Als Zionismus wird die jüdische Nationalbewegung bezeichnet, die Ende des 19. Jahrhunderts als Reaktion auf den zunehmenden Antisemitismus in Europa entstand und einen eigenen jüdischen Nationalstaat in Palästina anstrebte. Der Begriff wurde 1890 von dem Wiener Journalisten Nathan Birnbaum geprägt und greift die jahrhundertealte Sehnsucht der auf der ganzen Welt verstreuten Juden nach Zion – einem Synonym für Jerusalem und die biblische Heimat – auf.

Zur politischen Kraft wurde der Zionismus vor allem durch Theodor Herzl. Herzl, der 1860 in Budapest als Sohn einer assimilierten jüdischen Kaufmannsfamilie zur Welt kam, war nach seinem Jurastudium in Wien als Journalist und Schriftsteller tätig. Seit 1891 berichtete er als Korrespondent der liberalen „Neuen Freien Presse" aus Paris, wo er den Prozess gegen den jüdischen Hauptmann Alfred Dreyfus verfolgte, der 1894 zu Unrecht wegen angeblichen Landesverrats verurteilt wurde.

Unter dem Eindruck der Dreyfus-Affäre, die das ganze Ausmaß des Antisemitismus deutlich werden ließ, schrieb Herzl seine programmatische Schrift „Der Judenstaat. Versuch einer modernen Lösung der Judenfrage". In dem 1896 erschienenen Buch kommt er zu dem Schluss, dass der Antisemitismus trotz der Bereitschaft der Juden, sich zu assimilieren, nie verschwinden werde. Daher sei der einzige Ausweg die Gründung eines eigenen Staates für die Juden. Das Manifest, das bei vielen Juden in Westeuropa zunächst auf Ablehnung stieß, wurde zum Programm des politischen Zionismus.

1897 berief Herzl in Basel den Ersten Zionistenkongress ein und initiierte die Gründung der Zionistischen Weltorganisation (ZWO). Das in Basel verabschiedete Programm verkündete als Ziel die „Schaffung einer öffentlich-

rechtlich gesicherten Heimstätte in Palästina". Von nun an warb Herzl unermüdlich um Unterstützung seiner Pläne auf höchster politischer Ebene in Berlin, London und Konstantinopel – allerdings ohne großen Erfolg.

Als Herzl 1904 starb, schien seine Vision eines jüdischen Nationalstaats in weiter Ferne zu liegen. Doch das änderte sich, als Großbritannien 1917 in der so genannten Balfour-Erklärung das Ziel einer „jüdischen Heimstätte" in Palästina, das damals unter britischer Militärverwaltung stand, anerkannte. Mit der Gründung des Staates Israel im Mai 1948 wurde Herzls Vision Wirklichkeit, der Zionismus hatte sein Ziel erreicht. 1949 wurden Herzls Gebeine seinem letzten Willen entsprechend von Wien nach Jerusalem überführt und auf dem nach ihm benannten Herzlberg bestattet.

Aharon Appelfeld, aus dem damals rumänischen Czernowitz stammender Schriftsteller und Holocaust-Überlebender, kritisiert diese Darstellung des typischen Israeli, „der so stolz auf seine Biografie ist, weil er hier bereits in den Kindergarten und die Schule gegangen ist und anschließend in der Armee gedient hat." Denn das sei nicht die richtige „Soziologie". Sie laute vielmehr so: „Die Eltern kommen aus Polen, all die Jahre nach ihrer Ankunft hatten sie es schwer, mit der Sprache, mit dem Leben. Sie wussten nicht, wie sie ihre Vergangenheit mit der Gegenwart verbinden sollten, das haben sie ihren Kindern weitergegeben. Ich als Einwanderer bin also – wie jeder Zweite hier – der klassische Israeli."

Orientalische Juden

Die Distanz zu dem Sabre-Ideal war bei den Einwanderern orientalischer Abstammung – den so genannten Mizrachim –, die zum Großteil unmittelbar nach der Staatsgründung 1948 und damit zur gleichen Zeit wie die europäischen Holocaust-Überlebenden nach Israel strömten, sogar noch größer. Denn sie entsprachen diesem Ideal weder in ihrem Äußeren noch waren sie mit den in Europa gängigen revolutionären Ideen in Berührung gekommen. Da es in ihren Herkunftsländern keine Säkularisierungsbewegungen wie in Europa gab und Religion für sie mehr Familientradition als strenge Frömmigkeit bedeutete, war ihnen auch der atheistische Eifer der Gründergeneration fremd. Dieser Unterschied gilt bis heute: Während für die meisten europäischstämmigen Israelis – die so genannten Aschkenasim – die Begriffe „säkular" und „religiös" ein klares Gegensatzpaar darstellen, verläuft die Trennlinie bei den orientalischen Juden längst nicht so scharf.

Der Journalist und heutige Knessetabgeordnete Daniel Ben Simon, der als Jugendlicher mit seinen Eltern Ende der 1960er Jahre aus Marokko einwanderte, war damals überrascht über diese Kategorisierung. Seiner Auffassung nach könne man doch manchmal religiös sein, etwa an Feiertagen, und manchmal nicht. Ebenso wie man doch ein koscheres Schabbatmahl am Freitagabend – samt Kerzenanzünden und Kiddusch – verzehren und sich hinterher einen guten Spielfilm im Fernsehen anschauen könne.

Die orientalischen Juden, die aus islamischen Ländern wie Marokko, Ägypten, dem Iran, dem Irak und dem Jemen einwanderten, hatten noch ein zusätzliches Problem: Ihre sprachliche und kulturelle Identität war mit dem arabischen Feind verknüpft, der Israel rings umgab. Die bis dahin so geliebten Lieder der ägyptischen Kultsängerin Umm Kulthum (1904 – 1975) hörten sie deshalb fortan lieber bei geschlossenen Fenstern. Denn sie wollten dem neu geschaffenen Kollektiv unbedingt angehören.

Es sollte jedoch dauern, bis es orientalischen Juden gelang, in die europäisch geprägten Eliten einzudringen. Zwar sind heute für viele der jüngeren Generation, die oft selbst aus einem „gemischten" Elternhaus stammen, solche ethnischen Fragen längst nicht mehr relevant. Aber einen orientalischstämmigen Premier hat Israel dennoch bisher nicht hervorgebracht.

In den ersten Jahren nach der Staatsgründung – zwischen Mai 1948 und Ende 1951 – zog es fast 700.000 Juden nach Israel. Das waren mehr Menschen, als die gesamte jüdische Bevölkerung am 14. Mai 1948 gezählt hatte. Seither sind insgesamt drei Millionen Menschen eingewandert.

„Operation Moses"

Um Not leidende Juden ins Land zu holen, wurde alles im Bereich des Möglichen und fast Unmöglichen getan. Als Mitte der 1980er Jahre in Äthiopien eine Hungersnot ausbrach, machten sich Tausende Juden auf einen 600 Kilometer langen Fußmarsch durch die Wüste und flohen in den Sudan. Dort durften Maschinen der israelischen Fluggesellschaft El Al nachts heimlich landen und die Flüchtlinge nach Israel bringen, bis die Aktion an die Medien drang und andere arabische Staaten den Sudan, der seit 1956 Mitglied der Arabischen Liga ist, zwangen, die Flüge zu stoppen. Rund 8.000 Juden wurden in dieser „Operation Moses" ausgeflogen. Im Gelobten Land angekommen, mussten sie dann aber bald feststellen, dass das Leben dort ganz anders war, als sie es sich vorgestellt hatten.

„Für mich war Israel das heilige Land mit lauter heiligen Leuten", beschreibt Adisso Messele, der in den 1990er Jahren als erster Äthiopier in der Knesset, dem israelischen Parlament, saß, den Schock nach seiner Ankunft. Der Flug damals nach Tel Aviv habe einer Reise mit einer Zeitmaschine geglichen: Sie habe von einer ländlichen Dorfkultur mit teilweise mittelalterlichen Lebensformen in ein Hochtechnologieland geführt. „Sogar elektrisches Licht war für die meisten von uns wie ein Wunder."

Heute leben rund 100.000 Äthiopier mosaischen Glaubens in Israel. Erst 1975 wurden sie vom Obersten Rabbinat als Juden anerkannt. Ein weit verbreitetes Gefühl, auch wegen ihrer dunklen Hautfarbe nicht richtig dazuzugehören, verstärkte sich durch einen Vorfall in den 1990er Jahren. Damals flog auf, dass Mitarbeiter des Rettungsdienstes Roter Davidstern Blutspenden von Angehörigen dieser Bevölkerungsgruppe aus Angst, sie könnten mit HIV infiziert sein, ungetestet weggeschüttet hatten.

— Hebräisch – erfolgreiche Wiederbelebung einer toten Sprache

Die Wiederbelebung einer tot geglaubten Sprache ist zweifellos einer der größten Erfolge der zionistischen Bewegung. Zwar schrieb Theodor Herzl seine Schriften auf Deutsch, doch viele seiner Mitstreiter dachten, träumten, sprachen und schrieben Ivrit. Bereits zu Beginn des 20. Jahrhunderts florierte die hebräische Publizistik.

Aus dem „Sprachenkampf", der in Israel unter den Pionieren ausgetragen wurde, ging die „altneue" Sprache als eindeutige Siegerin hervor; dem Jiddischen haftet seither das Stigma der Diaspora an. Als 1925 die Hebräische Universität gegründet wurde, stand bereits unverrückbar fest: Die Unterrichtssprache sollte Hebräisch, nicht Deutsch oder Jiddisch sein.

Das größte Wunder ereignet sich stets von neuem, mit jeder Einwanderungswelle: Juden aus aller Welt lernen innerhalb weniger Monate jene tot geglaubte Sprache. Die „Ulpanim", die Sprachzentren für Einwanderer, haben sich bewährt und sind äußerst erfolgreich. Sprachschüler aus allen Erdteilen können bereits nach einigen Tagen ein einfaches Gespräch auf Hebräisch führen.

1916 sprachen 40 Prozent im damaligen Jischuv, also im vorstaatlichen Israel, Hebräisch, 1948 waren es bereits 71 Prozent. Heute dürften es über 90 Prozent der Bevölkerung sein. [...]

Wächterin der Worte ist die Akademie der hebräischen Sprache in Jerusalem. Sie schafft bei Bedarf neue Begriffe und sorgt so dafür, dass der Wortschatz des Hebräischen mit den neuesten Entwicklungen mithalten kann. Zudem kämpft sie – nicht unbedingt erfolgreich – gegen die Ausweitung englischer Begriffe in der hebräischen Alltagssprache. [...]

Anat Feinberg, „Heilige Sprache erfüllt von Leben", in: Das Parlament vom 21. April 2008.

Eine Immigranten-Familie bei ihrer Ankunft auf dem Flughafen Ben Gurion im Mai 2008. Rund drei Millionen Menschen sind seit 1948 nach Israel eingewandert.

Masseneinwanderung aus der ehemaligen Sowjetunion

Aber noch war das israelische Gesellschaftsmosaik, das aus Einwanderern aus mehr als 120 Herkunftsländern besteht, nicht vollständig. Nach dem Ende des Kalten Krieges 1989 immigrierten mehr als eine Million Menschen aus der ehemaligen Sowjetunion nach Israel. Anders als frühere Einwanderergruppen sind sie stolz auf ihr kulturelles Gepäck, was sich unter anderem in der Existenz einer Vielzahl von russischsprachigen Zeitungen und Buchhandlungen niederschlägt. Daher sind sie auch nur bedingt bereit, sich zu assimilieren.

Da bei ihrer Ankunft das Hebräische längst als Muttersprache etabliert war, hatte – im Gegensatz zu früher – auch kaum einer etwas dagegen, dass sie an ihrer eigenen Sprache festhielten. Viele Eltern erziehen heute ihre Kinder bewusst zweisprachig – und finden dafür breite Unterstützung.

Auch hat sich das Verhältnis zur Diaspora entspannt. Niemand predigt mehr, dass alle Juden der Welt in Israel leben sollten, und auch wer das Land verlässt, wird nicht mehr abschätzig als „Absteiger" (hebr.: „Jored") betrachtet.

Angesichts dieser Entwicklungen ist es kein Wunder, dass die Antwort auf die Frage nach der Substanz des „Israelischen" ständig im Wandel begriffen ist. Fest steht: Die Israelis sind mit den Jahren nicht nur individualistischer, sondern auch globaler und weniger zionistisch geworden. Der Prototyp des Israeli, den es in Wirklichkeit genauso wenig wie den einst angestrebten Schmelztiegel gegeben hat, lebt dennoch weiter – als historische Referenz.

Was aber hält diesen „bunten Haufen" eigentlich zusammen? Diese oft gestellte Frage wird gerne mit dem Verweis auf den gemeinsamen Feind beantwortet. Das stimmt gewiss, greift aber zu kurz. Denn in vieler Hinsicht ist es ja gerade der Streit um die Definition ihres Israelischseins, um ihren Platz im Kollektiv, der die Menschen auf paradoxe Weise zusammenbringt. Diese permanente Spannung mag mit dazu beitragen, dass sich diese so grundsätzlich heterogene Gesellschaft zu einer der dynamischsten und kreativsten der Welt entwickelt hat. Alles ist ständig im Fluss, und das zwingt zur Flexibilität – auch weil es arabische Israelis gibt.

2. Arabische Bevölkerung – schwierige Doppelidentität

Nach der Gründung des Staates Israel im Mai 1948 wurden etwa 100.000 im Land verbliebene palästinensische Araber eingebürgert. Heute zählen zirka 1,45 Millionen Bürgerinnen und Bürger zu dieser nationalen Minderheit. Etwa jeder fünfte Israeli ist also ein Araber.

Dabei darf allerdings nicht vergessen werden, dass die arabische Bevölkerung Israels in religiöser Hinsicht keine homogene Gruppe darstellt. Ende 2007 waren 83,2 Prozent Muslime, 8,4 Prozent Christen und 8,3 Prozent Drusen. Auch in kultureller und sozialer Hinsicht existieren große Unterschiede.

Mit den Jahren hat sich die sprachliche Definition, die viel über das sich wandelnde Selbstverständnis aussagt, immer wieder geändert. Sie seien Palästinenser mit israelischem Pass, sagen heute viele über sich selbst. Politisch und rechtlich sehen sie sich als Staatsangehörige Israels, national und kulturell als Palästinenser. Das ist alles andere als eine einfache Identität im jüdischen Staat.

Zwar sichert ihnen die israelische Unabhängigkeitserklärung wie allen Bürgerinnen und Bürgern des Landes, egal welcher „Religion, Rasse oder Geschlecht" sie angehören, im Prinzip die gleichen Rechte zu. Doch die Realität sieht anders aus.

Staatsbürger zweiter Klasse

Vor allem in Fragen der Ausbildung, des Gesundheitswesens, Wohnungs- baus oder Lebensstandards ist die arabische Minderheit schlechter gestellt, als es die jüdisch-israelischen Staatsbürgerinnen und -bürger sind. Auch fließen in die arabischen Gemeinden in der Regel weniger Gelder als in jüdische.

Und in vielen Berufszweigen, die mit der Sicherheit des Landes zu tun haben (dazu zählen auch zahlreiche Hightech-Firmen), gelten die arabischen Israelis als Risikofaktor – eben als „fünfte Kolonne", die unter Generalver- dacht steht, mit dem arabischen Feind zu kollaborieren.

Tatsächlich gab es vereinzelt solche Fälle – so hatten etwa arabische Israelis während der zweiten Intifada im Herbst 2000 bei der Ausführung von Selbstmordattentaten mitgeholfen –, aber sie sind dennoch nicht charakteristisch für die Gesamtheit dieser Minderheit, die über Jahrzehnte hinweg loyal zu Israel war.

Spannungsreiche Koexistenz

Aus der Gastronomie und dem Hotelwesen wären ihre Dienste nicht wegzudenken. In den besten Hotels sind viele der Angestellten arabisch. Auch gibt es kaum einen jüdischen Israeli, der nicht schon einmal arabische Handwerker im Haus gehabt hätte. Die arabischen Israelis, deren Muttersprache arabisch ist, die aber spätestens in der Schule hebräisch lernen, fühlen sich dennoch als Staatsbürger zweiter Klasse.

Wobei ihre Existenz je nach ihrem Wohnort sehr unterschiedlich ist. In Haifa etwa leben in vielen Häusern jüdische, muslimische und christliche Israelis unter einem Dach. Die Hafenstadt ist damit eine von insgesamt sieben Städten in Israel, in denen sowohl arabische als auch jüdische Israelis leben. Doch die überwiegende Mehrheit lebt getrennt voneinander. Zwischen Tel Aviv und Haifa etwa liegen viele Ortschaften wie die Stadt Umm al-Fahm, in denen nahezu ausschließlich arabische Israelis wohnen.

Im politisch umstrittenen Jerusalem wiederum ist der Ostteil der Stadt von Palästinensern bewohnt, rund 250.000 an der Zahl. Die Knesset hat die Stadt 1980 zwar zur „ewigen und unteilbaren Hauptstadt Israels" erklärt, doch wird dies international nicht anerkannt. Die meisten der in Ostjerusalem lebenden Palästinenser haben einen prekären Zwitterstatus: Sie verfügen über die palästinensische „Staats"-Bürgerschaft und haben gleichzeitig ein Recht auf Bewegungsfreiheit und israelische Sozialleistungen – und doch fürchten sie stets, dass ihnen oder ihren Kindern dieser Status eines Tages entzogen wird.

Der richtige Umgang mit der arabischen Minderheit, deren Interessen von mehreren arabischen Parteien in der Knesset vertreten werden, gehört weiterhin zu den großen Herausforderungen der israelischen Demokratie. Viele jüdische Israelis glauben, dass so manche arabische Abgeordnete in diesem Forum eine Hetze gegen Israel betrieben, wie sie kein anderes Land erlauben würde.

Wahlplakate von Kandidaten arabischer Parteien in Umm al-Fahm im Februar 2009. Die Wahlkommission versuchte erfolglos, zwei dieser Parteien von den Knessetwahlen auszuschließen.

Das arabische Schulwesen ist getrennt vom jüdischen Schulsystem. Der Lehrstoff wird in arabischer Sprache vermittelt. Klasse im St.-Josephs College in Nazareth.

Auch dass sie gelegentlich ins feindliche Ausland reisen, macht sie für viele suspekt. Der bisher prominenteste Fall ist der Philosophieprofessor und Knessetabgeordnete Azmi Bischara, der 2007 aus Israel flüchtete, nachdem er verdächtigt worden war, im Libanon Informationen an die pro-iranische Hisbollah-Miliz weitergegeben zu haben.

Manche würden die arabischen Israelis am liebsten im Rahmen eines Gebietsaustauschs in einen künftigen Palästinenserstaat abschieben. Zu ihnen gehört Außenminister Avigdor Lieberman, Chef der ultranationalistischen Partei Jisrael Beitenu (zu Deutsch: Israel ist unser Haus), der sich im Vorfeld der Knessetwahlen vom Februar 2009 mit der anti-arabischen Parole „Ohne Loyalität keine Staatsbürgerschaft" erfolgreich profilierte. Auf Betreiben Liebermans und mit Unterstützung der großen Parteien Kadima, Likud und Arbeitspartei hatte die Wahlkommission der Knesset zudem zwei arabische Parteien von den Parlamentswahlen im Februar 2009 ausgeschlossen – eine Entscheidung, die allerdings am Einspruch des Obersten Gerichts scheiterte.

Viele arabische Israelis wünschen sich einen „Staat aller Bürger", der keinen Davidstern, das Symbol des Judentums und des Staates Israel, mehr auf seiner Flagge trägt. Für die Mehrheit der jüdischen Israelis aber steht hinter diesem Wunsch die Forderung nach einem Ende des jüdischen Charakters ihres Staates – was die Legitimität Israels infrage stellen würde. Es gibt auch arabische Forderungen nach Autonomie, die – unabhängig von einer Regelung der palästinensischen Frage jenseits der Grünen Linie – langfristig den Staat Israel in seiner territorialen Einheit bedrohen könnte.

Widersprüchliches Verhältnis

Ein besonders gravierender Einschnitt in die alles andere als einfache jüdisch-arabische Koexistenz war der Schießbefehl der Polizei gegen arabische Israelis, die im Oktober 2000 anlässlich des Todes von sieben Palästinensern demonstrierten, die kurz nach dem Ausbruch der zweiten

Intifada bei Zusammenstößen mit israelischen Sicherheitskräften ums Leben gekommen waren. Bei den gewalttätigen Ausschreitungen wurden 14 Menschen erschossen – alle waren israelische Staatsbürger. Nicht zu Unrecht lautet der Vorwurf, dass es im Falle von jüdisch-israelischen Demonstranten wohl nicht so weit gekommen wäre.

Einen bedeutenden Schritt in Richtung Gleichstellung wiederum hatte zuvor am 8. März 2000 der Oberste Gerichtshof getan, als er in einer bahnbrechenden Entscheidung die Einschränkung der Niederlassungsfreiheit für arabische Israelis für illegal erklärte. Geklagt hatte ein arabisches Ehepaar, das sich 1995 in der jüdischen Ortschaft Katzir bei Hadera ein Haus kaufen wollte und von der Jewish Agency als Besitzer abgelehnt worden war. Die Richter aber bestanden darauf, dass die Beschränkung beim Verkauf staatlicher Böden auf Mitglieder einer Bevölkerungsgruppe oder Religionsgemeinschaft unrechtmäßig sei. Bis das Ehepaar den Kaufvertrag für das Grundstück in Katzir unterschreiben konnte, vergingen allerdings weitere fünf Jahre, da die Aufnahmekommission der jüdischen Dorfgemeinschaft ihren Aufnahmeantrag zunächst ablehnte mit der Begründung, sie würden nicht nach Katzir passen.

Widersprüche prägen demnach das jüdisch-arabische Verhältnis in Israel. In allen Umfragen hat sich die arabische Minderheit mehrheitlich stets gegen die Option ausgesprochen, eines Tages in einen Palästinenserstaat umzusiedeln. Und nicht nur, weil viele von ihnen auf ihrem Recht beharren, in ihrer Heimat zu bleiben. Denn die meisten wissen die Vorteile der – wenn auch für sie beschnittenen – israelischen Demokratie zu schätzen. Die einzige realistische gemeinsame Perspektive besteht darin, den jüdischen Charakter des Staates zu konsolidieren und gleichzeitig die Lage der arabischen Minderheit zu verbessern. Andernfalls werden die Spannungen noch zunehmen. Denn nach dem Gaza-Krieg von Ende 2008/Anfang 2009 hat sich die Kluft zwischen jüdischen und arabischen Israelis noch weiter aufgetan. Und auch in Israel nehmen islamistische Tendenzen zu.

— Bildungssystem

Traditionell haben Bildung und Lernen einen sehr hohen Stellenwert
in der israelischen Gesellschaft. Bis Mitte der 1990er Jahre stand das
Erziehungsministerium – im Hinblick auf den Etat – gleich nach dem
Verteidigungsministerium an zweiter Stelle.

Schulen

Die multikulturelle Struktur der Gesellschaft spiegelt sich in einem
pluralistischen Schulsystem wider, das in vier Schultypen unterteilt ist.

- säkular ausgerichtete öffentliche Schulen, die von 55 Prozent (2007)
  der jüdischen Kinder und Jugendlichen besucht werden.

- staatlich-religiöse Schulen, die neben den weltlichen Fächern dem
  Religionsstudium viel Zeit widmen. 2007 waren hier rund 18 Prozent der jüdischen Schülerinnen und Schüler eingeschrieben.

- staatliche arabische und drusische Schulen mit der Unterrichtssprache
  Arabisch, die von praktisch allen Angehörigen dieser nationalen
  Minderheiten besucht werden.

- unabhängige, meist jüdisch-orthodoxe Schulen, die zwar vom Staat
  finanziert werden, sich aber – etwa im Bereich der Naturwissenschaften
  und Fremdsprachen – nur teilweise an den für staatliche Schulen
  vorgeschriebenen Lehrinhalten orientieren. Im Vordergrund steht hier
  das Studium der Thora. 2007 wurden 25 Prozent der jüdischen Schüler
  an einer ultraorthodoxen Schule unterrichtet, Tendenz steigend.

Wachsende Kritik an der Qualität der staatlichen Schulen, in denen
schlecht bezahlte Lehrer vor immer größeren Klassen stehen, hat dazu
geführt, dass auch säkulare Eltern mehr Einfluss auf die Ausrichtung
der Erziehung ihrer Kinder nehmen wollen. Zum allgemeinen Unmut
trägt auch das schlechte Abschneiden Israels bei der international
vergleichenden Bildungsstudie PISA bei.

Klasse einer jüdischen Schule in Jerusalem im März 2008. Rund ein Viertel der jüdischen Kinder in Israel besucht eine ultraorthodoxe Lehranstalt.

So entstanden einige neue Semiprivatschulen, welche die Lebensanschauungen und Überzeugungen verschiedener Eltern- und Erziehergruppen widerspiegeln, wie etwa die anthroposophisch ausgerichteten Waldorfschulen oder die so genannten Demokratischen Schulen, die auf Lernfreiheit und Selbstbestimmung der Schülerinnen und Schüler setzen.

Seit 1978 besuchen Kinder und Jugendliche ein gestuftes Einheitsschulsystem. Es besteht aus einem Jahr Vorschule, sechs Jahren Primarschule, drei Jahren Mittelstufe sowie drei Jahren Oberstufe.

Letztere bereitet die Jugendlichen auf ein Hochschulstudium vor. Etwa jeder zweite Zwölftklässler schafft das Abitur, das zum Hochschulstudium berechtigt. Die anderen erhalten ein Abschlusszeugnis ohne Hochschulzugangsberechtigung.

Quelle: ullstein bild / Giribas

Einige Schulen bieten zusätzlich zum allgemeinen Lehrplan spezielle berufsorientierte Programme an, die zum Erwerb von Berufsdiplomen führen und den Schülern den Einstieg ins Berufsleben erleichtern sollen.

Die allgemeine Schulpflicht bestand bislang vom sechsten bis zum 16. Lebensjahr. Im August 2007 beschloss die Knesset, die Schulpflicht bis zum Alter von 18 Jahren auszudehnen. Der Schulbesuch ist nun im Alter von drei bis 18 Jahren obligatorisch.

Hochschulen

Der Hochschulbereich gliedert sich in Universitäten, Colleges, die auf ein bestimmtes Fachgebiet wie Kunst oder Musik spezialisiert sind, und regionale Colleges, die an eine der Universitäten angegliedert sind.

Aufgrund des obligatorischen Militärdienstes sind die meisten Studenten älter als 21 Jahre, wenn sie mit dem Studium beginnen. Sie absolvieren zunächst ein drei- bis vierjähriges Undergraduate-Studium, das mit dem Bachelor-Abschluss endet, und dann ein zwei bis drei Jahre dauerndes Graduate-Studium, das mit einem Master abgeschlossen wird.

Die Colleges bieten in der Regel eine Ausbildung nur bis zum Bachelor-Abschluss an; wer weiterstudieren will, muss an eine der sieben Universitäten wechseln. Das ist keine billige Angelegenheit: Die Studiengebühren der Hebräischen Universität Jerusalem etwa betragen für das Studienjahr 2009/2010 umgerechnet fast 2.000 Euro.

Gisela Dachs

— Jerusalem oder Tel Aviv – religiös versus säkular

Vom Internationalen Flughafen Ben Gurion aus kann man in zwei Haupt-richtungen fahren: In Richtung Osten ins 800 Meter hoch gelegene uralte Jerusalem, das drei Weltreligionen heilig ist, oder nach Westen in die 100 Jahre junge säkulare Mittelmeermetropole Tel Aviv. Die beiden auch äußerlich so unterschiedlichen Städte stehen für zwei Pole der Gesellschaft.

Dieser Gegensatz existierte schon vor der Staatsgründung – wobei Theodor Herzl in seiner Vision eher das Tel Aviver Modell im Kopf hatte. Nach seinen Vorstellungen sollte der künftige unabhängige jüdische Staat die Antithese zu Jerusalem sein – oder zu dem, was die Stadt mit ihren religiösen Heiligtümern im Bewusstsein der Diaspora-Juden symbolisierte.

Dennoch stützten die Gründerväter des Staates Israel ihr Recht, in diesem Land zu leben und sich neu zu erfinden, auf den Tanach, die hebräische Bibel – aber eben aus weltlicher oder sogar atheistischer Sicht. Die Bibel wurde ihnen zum Geschichtsbuch, zur Grundlage für den Anspruch auf das Land Israel. Auch die Symbole des Staates – die weiß-blaue Staats-flagge, der Davidstern und die Menorah – sind religiösen Ursprungs.

Aus Rücksicht auf die Religiösen, die sich nach den Gesetzen der Thora richten, verzichtete Staatsgründer David Ben Gurion 1948 auf eine Verfas-sung. In der so vage wie möglich gehaltenen Unabhängigkeitserklärung, die „die Errichtung eines jüdischen Staates im Lande Israel" verkündete, war das Konfliktpotenzial zwischen Staat und Religion allerdings bereits angelegt.

Status-Quo-Vereinbarung

Im Juni 1947 hatte Ben Gurion den religiösen Parteien zudem zugesichert, dass im künftigen Staat Israel die religiösen Vorschriften respektiert würden. Damit wollte er ihre Koalitionsbereitschaft gewinnen, die ihm wichtig war, um Einheit und Legitimität zu signalisieren.

Quelle: picture-alliance/dpa

Ein gängiges Bonmot lautet: In Jerusalem wird gebetet, in Haifa gearbeitet und in Tel Aviv gelebt. Orthodoxe Juden an der Klagemauer in der Jerusalemer Altstadt,…

Quelle: Hanna Huhtasaari

… junge Leute auf der Dachterrasse des Clubs „Ganna 71" nahe dem Rabin-Platz in Tel Aviv.

Diese so genannte Status-Quo-Vereinbarung zwischen Ben Gurion und dem orthodoxen Rabbinat hat mehr oder weniger bis heute Gültigkeit. Sie gründete auf einem Kompromiss: Die religiösen Juden drückten dem neuen, überwiegend säkularen jüdischen Staat eine Art „Koscher-Stempel" auf. Im Gegenzug bekamen sie das Sagen in Angelegenheiten wie Eheschließungen, Scheidungen und Beerdigungen.

Und dass eine kleine Gruppe von etwa 400 frommen Juden sich damals ausschließlich dem religiösen Lernen widmen wollte – und deshalb von der Militärpflicht ausgenommen wurde –, war sogar erwünscht. Denn nach der systematischen Ausrottung des Judentums in Europa durch die Nationalsozialisten wurden sie als Wahrer der religiösen Tradition angesehen, die es zu schützen galt.

Niemand ahnte allerdings, dass die „Religiösen" – demografisch wie politisch – später so viel Macht gewinnen würden. Ein Viertel aller jüdischen Israelis gehört heute dem religiösen Spektrum an, wobei die sehr Frommen, die Ultraorthodoxen, etwa acht Prozent der Bevölkerung stellen.

Rückkehrgesetz

Da es bis heute keine Verfassung gibt, dient das so genannte Rückkehrgesetz von 1950 als zentrales Rechtsprinzip. Es definiert Israel als den Staat der jüdischen Nation und hält die praktische Bedeutung dieser Definition fest: das für alle Juden weltweit geltende Recht auf freie Einwanderung und sofortige Verleihung der Staatsbürgerschaft.

Zum Konfliktpotenzial zwischen religiösem und säkularem Denken in Israel gehört allerdings die Frage, wer Jude ist. Diese Frage wird von den drei unterschiedlichen Strömungen des Judentums – Orthodoxie, Reformjudentum und Masorti-Bewegung – unterschiedlich beantwortet. Als das Rückkehrgesetz 1950 in der Knesset verabschiedet wurde, wollte Israel ein Refugium für alle verfolgten Juden sein, einschließlich jener, die von den Nazis zu „Halb- oder Vierteljuden" abgestempelt worden waren. Ein jüdischer Großelternteil reicht somit aus, um – samt nichtjüdischem Ehepartner und dessen Kindern – einzuwandern.

Weil aber nach dem jüdischen Religionsgesetz, der Halacha, nur jemand als Jude gilt, der eine jüdische Mutter hat oder zum jüdischen Glauben übergetreten ist, tat sich hier eine Kluft auf, deren Folgen spätestens mit der Masseneinwanderung aus der ehemaligen Sowjetunion nach 1989 zum Tragen kamen.

Aktuelle Streitpunkte

Denn das orthodoxe Rabbinat lässt nur Eheschließungen zwischen Juden zu, die nach der Halacha jüdisch sind. Wer also nicht in Israel heiraten kann oder will, muss dies im Ausland tun. Zu diesem Zweck gibt es längst günstige Pauschalangebote für Reisen nach Zypern, einschließlich der Trauung durch einen Dorfbürgermeister. Doch die Empörung der Betroffenen bleibt. Als ein erstes Nachgeben auf einen immer stärker werdenden Druck von Seiten der Säkularen – oder einfach auf ein gewachsenes Bedürfnis – wurde ein Zugeständnis des Rabbinats von 2007 gewertet, fortan zivile Eheschließungen zwischen zwei Nichtjuden zuzulassen.

Besonders schmerzlich ist das Auseinanderdriften zwischen Israelischsein und Jüdischsein, wenn Soldaten fallen, deren Judentum nicht den strengen Kriterien des Rabbinats entspricht und die daher nicht neben ihren Kameraden bestattet werden dürfen.

Zu den großen aktuellen Streitfragen gehört auch das Ausmaß, in dem potenziellen Kandidaten der Übertritt zum Judentum erschwert wird. Während die relevanten religiösen Instanzen in dieser Frage eher ultraorthodoxe Standpunkte vertreten, plädiert etwa die Einwanderungsbehörde dafür, die Aufnahme ins Judentum zu erleichtern.

[...] Um Tel Aviv zu erfassen, könnte man [...] Schai Abadi treffen, den Künstler, der gerade zwei Jahre in Berlin gelebt hat und gar nicht aus Tel Aviv kommt, sondern aus Jerusalem. [...] Etwas historisch Bedeutendes wie eine Klagemauer oder einen Felsendom sucht man in Tel Aviv vergebens. Es hat keine Erinnerungen an eine reiche Vergangenheit. Es ist eine Stadt der Gegenwart, eine Ist-Stadt, keine „Es war einmal"-Metropole. In Tel Aviv wartet man nicht auf die Ankunft des Messias, sondern auf die neue Performance der Tänzer von „Bat Scheva". Abadi fällt dann doch ein Wort ein, weshalb er hier lebt und nicht in Jerusalem. Ein Wort, das irgendwann alle benutzen, wenn man nach Tel Aviv fragt: „Leicht. Tel Aviv ist leicht."

Das Bonmot geht so: In Haifa arbeitet man, in Jerusalem wird gebetet. Und in Tel Aviv? Da wird gelebt. Die New York Times hat kürzlich Tel Aviv das Prädikat verliehen, „Hauptstadt der Mittelmeer-Coolness" zu sein. [...]

Die Toleranz Tel Avivs spiegelt sich in seiner Wiege wider, dem Strand: Verschleierte Mütter aus Jaffa baden neben jungen Israelinnen in knappen Bikinis, bekiffte Musiker trommeln im Sonnenuntergang neben einer Gruppe Yoga-Schüler und Akrobaten, und im Norden teilen sich schwule Männer den Strand mit orthodoxen Juden. Die wiederum haben ihren Strand aufgeteilt: An drei Tagen der Woche dürfen religiöse Frauen baden, an drei religiöse Männer. [...]

Tel Aviv ist der Rummelplatz, die Kirmes des Orients, ein Bollwerk gegen Religion und ihre fanatischen Auswüchse. Eine Seifenblase, das auch. Der Gazastreifen und das Westjordanland liegen nur eine Stunde entfernt, gefühlt aber sind es Lichtjahre. In Tel Aviv, dem Brückenkopf zum Westen, legt der Nahost-Konflikt eine Pause ein. [...]

Thorsten Schmitz, „Auf Strand gebaut", in: Süddeutsche Zeitung vom 09. April 2009.

Dennoch haben alternative Strömungen zur etablierten Orthodoxie wie das Reformjudentum oder die konservative Masorti-Bewegung – anders als in den Vereinigten Staaten – in Israel kaum Fuß fassen können. Ein Grund dafür ist die Einstellung vieler säkularer Juden, die zwar im Alltag nichts mit Religion zu tun haben, sich im Ernstfall aber nur auf das orthodoxe Rabbinat verlassen wollen – nach der Devise: „Die Synagoge, in die ich nicht gehe, muss orthodox sein."

Im Großen und Ganzen aber verläuft die Auseinandersetzung zwischen frommen und säkularen Juden, die nicht selten vor dem Obersten Gerichtshof ausgetragen wird, heute in einer kompromissbereiteren Atmosphäre als noch vor ein paar Jahren.

Der Historiker Tom Segev beschreibt diese Entwicklung in seinem Buch „Die ersten Israelis: Die Anfänge des jüdischen Staates" als Ergebnis von zwei Prozessen, die sich zunächst zu widersprechen scheinen, sich tatsächlich aber ergänzen: „Die eine Million Juden, die aus Russland kam, hat das säkulare Element in der israelischen Gesellschaft gestärkt. Mehr und mehr Fromme erkannten die Grenzen ihrer Macht, sie verstanden, dass sie ihren Glauben nicht dem ganzen Land aufzwingen konnten. Gleichzeitig schlossen die meisten Israelis Frieden mit ihren jüdischen Wurzeln, im Gegensatz zum vom Staat in den ersten Gründungsjahren unternommenen Versuch, die Bürger dazu zu bringen, ihre Vergangenheit auszulöschen und ‚neue' säkulare Menschen zu werden."

Schon beim Namen fängt es an. Jeruschalaijm oder Al-Quds? Hebräisch oder Arabisch, jüdisch oder palästinensisch? [...] Jerusalem, die große, weiße Stadt, die an jeder Ecke ein anderes Gesicht hat. Die kantig ist, abweisend, erdrückend, aber auch anziehend und unwiderstehlich. Die einen vollständig einnimmt und jeden Gedanken beherrscht, sobald man sie betritt. [...] Weil in Jerusalem alles absolut ist: die Gerüche, die Enge, die Geschichte, die Religion. Abraham bahrte hier seinen Sohn Isaak zum Opfer auf, Jesus wurde gekreuzigt und der Prophet Mohammed stieg in den Himmel auf. Man muss nicht religiös sein, um die Besonderheit dieses Ortes zu spüren, an dem jeder Quadratzentimeter Erde beladen ist mit Geschichte und getränkt vom Blut. [...]

Anderthalb Quadratkilometer nur ist die Altstadt groß, voll gestopft mit Synagogen, Moscheen, Kirchen, Klöstern, Palästen; aufgeteilt unter Christen, Muslimen, Juden und Armeniern. [...] Gedrängt ist es [...], die Gassen rauben den Atem, machen Platzangst; eine Enge, die nicht nur gefühlt ist: 5.500 Einwohner leben in Jerusalem auf einem Quadratkilometer, mehr als doppelt so viele wie in Hamburg. [...]

Es scheint, als lebten die Religionen in der Altstadt friedlich miteinander: Da eilen Jüdisch-Orthodoxe durch das arabische Viertel, essen schwarz gekleidete Priester in arabischen Lokalen, kaufen jüdische Frauen bei palästinensischen Bäckern. Doch das Gleichgewicht ist fragil, so gibt es immer wieder freitags Ausschreitungen, wenn Muslime und Juden gleichzeitig Richtung Tempelberg ziehen, die einen zum Freitagsgebet, die anderen zum Beginn des Schabbat. Ein wirkliches Zusammenleben gibt es nicht; die Wohnviertel sind streng voneinander getrennt, innerhalb der Altstadt wie außerhalb. Jeruschalaijm, auf Hebräisch bedeutet das: „Stadt des Friedens".

Juliane von Mittelstaedt, „Ein Versuch über Jerusalem", erschienen in der Onlineausgabe von Geo, 24. Februar 2006.

— Bevölkerungsentwicklung – Frauen, Kinder, Karriere

In Israel fällt die Präsenz von Kindern auf. In allen Milieus und Schichten.
Das Land verzeichnet mit 2,9 Kindern pro Frau die höchste Geburtenrate
in der westlichen Welt. Zwar steigen auch hier Heiratsalter und Scheidungs-
rate, aber zu einem Geburtenrückgang hat das nicht geführt. Im Gegenteil:
Nachwuchs gehört einfach dazu. Nicht nur bei den Ultraorthodoxen und
bei den arabischen Israelis.

Die Zahl der säkularen jüdischen Familien, die sich für ein viertes Kind
entscheiden, nimmt laut Statistik zu. Die Gründe dafür liegen in einer höchst
seltenen Kombination aus religiöser Tradition, demografischem Wachstums-
streben und staatlicher Unterstützung von Fruchtbarkeitsbehandlungen.

Im Judentum spielt die Familie eine zentrale Rolle. Wer allein ist, wird
höchstens bemitleidet, niemals idealisiert. Es gibt weder ein Mönchs- noch
ein Nonnendasein und keine ledigen Rabbiner. In der Thora fleht Rahel,
die Schwester von Lea (die bereits fünf Kinder hat), ihren Mann Jakob an:
„Gib mir Kinder, sonst bin ich tot."

„Solche Muster jüdischer Tradition greifen auch bei Menschen, die sich
als säkular definieren", sagt der Soziologe Jackie Feldman. Zudem seien
Familien- und Kinderorientierung Teil von Wirtschaft und Gesellschaft.
„Die Strukturen, die das Familienleben unterstützen, sind längst da; sie
sorgen dafür, dass auch sorglose Tel Aviver Yuppies unbedingt Nachwuchs
wollen." Und in jedem Fall mehr als ein Kind. Dass sich hinter diesem
Wunsch nach Kinderreichtum – bewusst oder unbewusst – auch die
Angst vor Verlust durch Kriege oder Terror-Anschläge verbirgt, streitet
niemand ab.

In Israel gehört Nachwuchs dazu: Eltern mit ihren Kindern im Meir Park in Tel Aviv.

Zudem galt es in dem kleinen, von Feinden umgebenen Land immer schon, das Bevölkerungswachstum zu unterstützen, um nach außen Stärke vorzuweisen und weil sich die jüdische Mehrheit im Land von der schneller wachsenden arabisch-israelischen Bevölkerung bedroht fühlte. Für das zionistische Projekt spielten Statistiken von Anfang an eine große Rolle. Schon vor der Staatsgründung ließ eine große Zahl von Einwanderern auf eine Lebenstüchtigkeit schließen, mit der potenzielle Investoren umworben werden konnten.

Die Existenzangst sitzt tief. Die Menschen in Deutschland oder anderswo hätten nie das Gefühl gekannt, dass ihr Land vielleicht verschwinden würde, wenn sie keine Kinder mehr bekämen, fasst Feldman ein kollektives Grundgefühl zusammen. „Wir hier tragen die Verantwortung für das Überleben des jüdischen Volks auf unseren Schultern." Die Zukunftsangst, mit der heute viele Europäer ihre Kinderlosigkeit begründen, führt in Israel zum genauen Gegenteil: Weil man sich – historisch und gegenwärtig – bedroht fühlt, will man um jeden Preis für Nachwuchs sorgen.

Dahinter steht auch das Bestreben, den durch den Holocaust erlittenen Menschenverlust wenigstens ein ganz klein bisschen auszugleichen. Für viele Israelis, die ohne ihre ermordeten Großeltern aufwachsen mussten, sind Kinder auch ein Geschenk an die eigenen Eltern, aus denen dann ganz normale Omas und Opas werden dürfen.

Staatliche Unterstützung

Damit das auch klappt, sorgt der Staat dafür, dass sich jede Bürgerin (egal ob jüdisch oder arabisch) teure Behandlungen leisten kann, um gegebenenfalls mit medizinischer Hilfe schwanger zu werden. Bis zum Alter von 45 Jahren hat jede Frau – kostenlosen – Anspruch auf zwei Kinder via In-vitro-Fertilisation. Wenn nötig auch mithilfe einer Eizellenspende. Nirgendwo sonst unterziehen sich Frauen so vielen Behandlungszyklen wie in Israel.

Und wohl in keinem anderen Land ist man gegenüber der modernen Fortpflanzungsmedizin so aufgeschlossen wie hier; auch von religiöser Seite gibt es keine rigiden Vorbehalte. „Schon in der Bibel heißt es doch: Seid fruchtbar und mehret euch", sagt Avraham Steinberg, der an der Hebräischen Universität in Jerusalem Bioethik unterrichtet. „Ich denke, dass Paaren, die eine Chance haben, Kinder zu bekommen, diese Chance auch gegeben werden soll. Das es ist wert."

Mittlerweile machen immer mehr alleinstehende Frauen oder Lesben-Paare von der Möglichkeit Gebrauch, mithilfe von Samenbanken, die es bereits seit 20 Jahren gibt, zu einem eigenen Kind zu kommen. In diesem Zusammenhang ist es interessant zu wissen, dass im März 2009 die Nationale

Versicherungsanstalt einem schwulen Paar, das per Eizellenspende und Leihmutter in Indien einen Sohn bekommen hatte, Mutterschaftsurlaub gewährte. Die in dieser Entscheidung zum Ausdruck kommende generelle Offenheit gegenüber gleichgeschlechtlichen Paaren mit und ohne Kinderwunsch gehört für viele sicherlich zu den überraschendsten Aspekten der israelischen Gesellschaft.

Nach Angaben der israelischen Kinderschutzorganisation „National Council for the Child" stieg die Zahl der Kinder, die bei alleinerziehenden unverheirateten Müttern leben, von 23 800 im Jahr 2000 auf 36 000 im Jahr 2008 – also um mehr als 50 Prozent. Auf die Institution Ehe mögen Israelinnen heute also bereit sein zu verzichten, nicht aber aufs Kinderkriegen.

Gesellschaftlicher Druck auf kinderlose Frauen

Diese Haltung mag mit von der Tatsache geprägt sein, dass das zionistische Unterfangen ein Gemeinschaftsprojekt war. Die Israelis begründeten nicht nur die Kibbuzim – landwirtschaftliche Kollektivsiedlungen, in denen es kein Privateigentum gab – und kämpfen Seite an Seite in der Armee. Sie sind überhaupt gerne in Gruppen zusammen und treffen sich regelmäßig im größeren Familien- und Verwandtenkreis – mit all den zugehörigen Kindern und dem impliziten oder expliziten Druck auf junge Frauen, so schnell wie möglich selbst für Nachwuchs zu sorgen.

Was nicht heißt, dass ihnen dann als Müttern das Leben besonders leicht gemacht würde. Denn auch in Israel fehlen anspruchsvolle Teilzeitbeschäftigungen, mit deren Hilfe sich Kind und Karriere entspannter vereinbaren ließen. Die Realität sieht vielmehr so aus, dass viele Frauen permanent zwischen Arbeitsplatz, Nanny und Haushalt hin und her hetzen, sich aber trotz allem noch ein drittes oder viertes Kind wünschen.

Ohne die tatkräftige Unterstützung der Großeltern wäre der Spagat vieler Frauen zwischen Beruf und Familie aber nur schwer möglich. Denn sie helfen aus, wenn das engmaschige Betreuungsnetz aus Tagesmüttern, Kindergärten, Schule und Freizeitbeschäftigungen doch einmal löchrig ist oder die Kinder krank sind.

Teuer sind Kinder auch in Israel. An staatlichem Kindergeld bezieht eine fünfköpfige Familie insgesamt umgerechnet knapp 80 Euro im Monat. Ein Elterngeld gibt es nicht. Auch sind moderne Väter, die sich nach der Geburt ausschließlich um den Nachwuchs kümmern, höchst selten. Aber sie helfen zu Hause verstärkt mit: je jünger, desto mehr.

Dass zu den bewegten Lebensläufen der israelischen Frauen Schwangerschaften selbstverständlich dazugehören, zeigen die fast schon zur Schau gestellten dicken Bäuche von Fernsehjournalistinnen ebenso wie die Biografie von Ex-Außenministerin Zipi Livni, die zusammen mit Bundeskanzlerin Angela Merkel und der ehemaligen US-Außenministerin Condoleezza Rice als eine der neuen weiblichen Stars der Weltpolitik gefeiert wurde. Sie hat Kinder – als Einzige der drei.

Dass die meisten israelischen Mütter arbeiten und nach der Geburt in der Regel nur eine dreimonatige Babypause einlegen, hat damit zu tun, dass ein Gehalt üblicherweise nicht ausreicht, um die Familie zu ernähren. Aber nicht nur: Als Mutter einem Beruf nachzugehen, ist ganz normal, aber es gibt auch andere Lebensmodelle.

Fest steht: Die Bandbreite zwischen extrem konservativen und fortschrittlichen Frauenrollen ist in Israel – als Einwanderer-Gesellschaft – größer als anderswo: Sie reicht von der frommen Hausfrau über die lesbische Mutter bis hin zur Kampfbomberpilotin. Nur der ausgeprägte Kinderwunsch ist bei (fast) allen gleich.

Vor Checkpoints im Westjordanland stehen manchmal israelische Frauen mit einem Notizbuch in der Hand und schauen den Soldaten bei der Arbeit zu. Damit wollen sie erreichen, dass die oftmals in langen Schlangen wartenden Palästinenser mit mehr Respekt behandelt werden. Ihre Berichte veröffentlicht „Machsom Watch", eine 2001 von Frauen gegründete Menschenrechtsorganisation, im Internet.

„Machsom Watch" – „Machsom" ist hebräisch und bedeutet „Sperre, Barriere" – ist nur eine von vielen israelischen Nichtregierungsorganisationen (Non governmental organization, NGO), die sich für die Rechte der Palästinenser einsetzen. Sie sind Anlaufstelle für einheimische und besonders auch internationale Medien. Das verleiht ihnen Einfluss und Gewicht.

Zu den prominentesten Organisationen gehören „Betselem", die über Menschenrechtsverletzungen in den palästinensischen Gebieten berichtet, „Ärzte für Menschenrechte", „Rabbiner für Menschenrechte" und das „Komitee gegen die Häuserzerstörung".

Die in Deutschland wohl bekannteste zivilgesellschaftliche Bewegung ist „Schalom Achschav" (zu Deutsch: „Frieden jetzt!"). Sie wurde ein Jahr nach dem spektakulären Besuch des ägyptischen Präsidenten Anwar as-Sadat in Israel im November 1977 gegründet, um den israelischen Ministerpräsidenten Menachem Begin (Likud) zu einer Fortsetzung des Versöhnungsprozesses zu drängen, der im März 1979 zum Friedensabkommen mit Ägypten und zum Rückzug Israels von der ägyptischen Halbinsel Sinai führte.

Später protestierte die Bewegung gegen den Libanonkrieg 1982. Auch die israelische Siedlungspolitik in den palästinensischen Gebieten hat „Schalom Achschav" stets kritisiert, weil sie einen möglichen Frieden mit den Palästinensern absichtsvoll unterminiere.

NGOs gewinnen an Einfluss in Israel: Eine Aktivistin von „Machsom Watch" im Gespräch mit einem Soldaten am Checkpoint Beit Iba im Westjordanland.

Friedliches Zusammenleben von klein auf: In der 1972 gegründeten Dorfkooperative „Oase des Friedens" lernen und spielen jüdische und arabische Kinder gemeinsam.

Vielen Israelis sind diese prominenten linken Organisationen, deren Kritik an der israelischen Besatzungspolitik in ihren Augen viel zum negativen Image des Landes in der Welt beiträgt, zu einseitig pro-palästinensisch orientiert. „Ich bin nicht immer einverstanden mit den politischen Ansichten dieser Aktivisten, die den Fehler immer nur bei uns suchen", sagt etwa der bekannte Fernsehmoderator Emmanuel Halperin, „aber ich bin froh, dass es solche NGOs gibt, weil sie den Finger auf die Wunden unserer Demokratie legen."

Wachsende Bedeutung

Israelische NGOs sind – als Gegengewicht zum politischen System – ein relativ neues Phänomen, auch wenn es schon vor der Staatsgründung zivilgesellschaftliche Strukturen im damaligen Jischuv, dem jüdischen Gemeinwesen in Palästina, gab. Erst 1980 wurde ein Gesetz über die Registrierung öffentlicher Vereine und gemeinnütziger Organisationen erlassen.

Zum bedeutenden gesellschaftspolitischen Faktor wurde zivilgesellschaftliches Engagement in den 1990er Jahren. Das Ende des Kalten Krieges und die Masseneinwanderung aus der früheren Sowjetunion, der beginnende Friedensprozess, die Liberalisierung der Wirtschaft und der damit einhergehende Abbau von Sozialleistungen, die digitale Revolution – all das führte zu einem grundlegenden Wertewandel und zur Herausbildung neuer Trends im gesellschaftlichen Leben.

Fragen kollektiver und individueller Identität prägten zunehmend die öffentlichen Debatten, was sich auch in einem starken Engagement der Bürgerinnen und Bürger widerspiegelte. Die Zahl der gemeinnützigen Vereine stieg von 3.000 im Jahr 1982 auf mehr als 42.000 im Jahr 2008 an.

Das Spektrum der NGOs ist breit. Zu ihren Aufgabenfeldern gehört beispielsweise die Stärkung von Rechtsstaatlichkeit und Demokratie. Manche sehen sich auch als Korrektiv undemokratischer Traditionen,

andere begreifen sich als Interessenvertretung bestimmter Bevölkerungs-
gruppen. Zu Letzteren zählen politisch linke wie rechte Organisationen
ebenso wie Einwanderer-Vereine oder religiöse Gruppen. Wieder andere
NGOs sind im sozialen oder im Umweltschutzbereich aktiv, verstehen sich
als Medien-Wächter oder möchten den Staat als Ganzes reformieren.

Der weit gespannte Bogen folgt somit weitgehend, wie die Nahostwis-
senschaftlerin Angelika Timm in ihrem 2003 erschienenen Buch „Israel
– Gesellschaft im Wandel" schreibt, den „multiethnischen, religiös-kulturellen,
weltanschaulich-politischen und sozio-ökonomischen Widerspruchsachsen
des Landes".

Zu den Besonderheiten zählt, dass sich in Israel parallel zueinander zwei
Zivilgesellschaften herausgebildet haben: eine jüdisch-israelische und eine
arabisch-israelische. Letztere engagiert sich zunehmend selbstständig für
ihre nationalen, politischen, kulturellen und sozialen Rechte. So hat sich
die Zahl arabischer NGOs von 807 im Jahr 1995 auf 1737 im Jahr 2003
mehr als verdoppelt.

Erste Formen von Zusammenarbeit entwickelten sich erst in den 1990er
Jahren, nachdem der – später gescheiterte – Osloer Friedensprozess in
Gang gekommen war. Zu den wenigen binationalen Organisationen gehören
Neveh Schalom/Wahat al-Salam (zu Deutsch: Oase des Friedens), eine
1972 gegründete Dorfkooperative, in der jüdische und arabische Israelis
gemeinsam leben und alle Kinder dieselbe Schule besuchen, und die
zwischen Tel Aviv und Haifa gelegene Bildungs- und Begegnungsstätte
Givat Haviva, die sich der jüdisch-arabischen Verständigung und der
Förderung des kulturellen und religiösen Pluralismus verschrieben hat.
Allerdings finden solche Initiativen mehr bei internationalem Publikum Anklang
als in der israelischen Öffentlichkeit.

Wir sind mit Naomi Lalo verabredet, der Sprecherin von „Machsom Watch". Bevor wir einen der größeren Checkpoints in der Nähe von Nablus, nördlich von Jerusalem, erreichen, steckt sie sich das handtellergroße Abzeichen dieser Friedensorganisation an ihr schwarzes T-Shirt. [...]

Vor sieben Jahren, als die Zusammenarbeit zwischen Jüdinnen und Palästinenserinnen immer schwieriger und zuletzt unmöglich wurde, haben Frauen aus dem sogenannten israelischen Friedenslager „Machsom Watch" gegründet. „Wir wollten nicht tatenlos zusehen, wie brutal einige unserer Soldaten an den Kontrollpunkten zum Westjordanland mit Palästinensern umgingen", berichtet Naomi Lalo. „Menschenrechtsverletzungen, Übergriffe und Schikanen können wir zwar oft nicht verhindern, wir registrieren sie aber zumindest und melden sie den verantwortlichen Stellen."

Jeden Tag stehen sie zu zweit oder dritt an einigen Brennpunkten, versuchen Streit zu schlichten, helfen Kranken schneller durch die Kontrollen zu kommen, verhandeln auch gelegentlich, wenn lebensnotwendige Transporte wie Milch und andere Lebensmittel länger aufgehalten werden. „Man kennt uns, wir sind unbequeme Beobachterinnen. Unser Ziel, die israelische Öffentlichkeit wachzurütteln, haben wir allerdings nicht erreicht. Manchmal werden wir von unseren Landsleuten als Verräterinnen beschimpft."

Dabei versteht Naomi Lalo wie die anderen „Machsom"-Frauen auch, dass Israel sich vor Terror schützen muss. Ob die Checkpoints zum Selbstmord entschlossene Attentäter abschrecken, hält sie freilich für eine offene Frage. Ein friedliches Nebeneinanderleben, so argumentiert sie, könne nicht durch Gewalt und Abschottung, sondern nur durch Verhandlungen entstehen.

„Machsom" ist ein hebräisches Wort, es bedeutet Sperre, Barriere. Zwischen West- und Ostjerusalem gibt es mindestens zwei solcher Kontrollstationen, die die Durchfahrt versperren und für Palästinenser ohne besondere Ausweise und Passierscheine unmöglich machen. Im Westjordanland, etwa so groß wie das Bundesland Bremen, wurden die knapp sechshundert Blockaden nicht nur entlang der „Grünen Linie", [...] gebaut, sondern oft bis zu acht Kilometer weit hinein auf palästinensischem Gebiet. [...]

Die acht Meter hohen Mauern, die Wachtürme und Elektrozäune, hinter denen sich Israel verbarrikadiert und die das Westjordanland in unzählige Enklaven zerstückeln, wecken bedrückende Erinnerungen. Einige Kontrollstationen sind provisorische Unterstände aus Wellblech, oft flankiert von einem oder mehreren hohlen Betonwürfeln, in denen die wachhabenden Soldaten Schutz vor Steine werfenden Kindern finden, andere sind mit Panzerglas, stabilen Eisengittern und automatischen Schleusen nahezu so perfekt ausgebaut wie einst Marienborn bei Helmstedt.

Naomi bleibt an unserer nächsten Station Kalandia, dem zentralen Grenzposten zwischen Jerusalem und Ramallah, wie verlangt, in einiger Entfernung von den schwerbewaffneten jungen Israelis stehen, die die schweigende Menschenschlange bewachen. Niemand drängelt. Wie lange Männer und Frauen mit Kindern hier in praller Sonne warten müssen, bis einer nach dem anderen durch das enge Drehkreuz hindurchgelassen oder vorher schon abgewiesen wird, lässt sich im Voraus nicht berechnen. Die Überprüfung des Ausweises kann Stunden dauern, erst recht die Durchsuchung des Gepäcks und die Leibesvisitation. Jungen Männern werden dabei oft die Augen verbunden, die Hände gefesselt. [...]

Maria Frisé, „Es genügt schon ein falsches Wort", in: Frankfurter Allgemeine Zeitung vom 30. Juni 2008.

Beliebte Freizeitangebote für kleine Israelinnen ab vier Jahre sind Ballett-unterricht oder kreatives Tanzen. Sie können sich aber auch wie die Jungs zum Hip-Hop anmelden. Was immer mehr tatsächlich tun. Seit Mitte der 1990er Jahre hat sich in Israel eine künstlerisch wie kommerziell immer stärker werdende Hip-Hop-Szene entwickelt.

Hip-Hop

Wie keine andere Jugendkultur zuvor spricht Hip-Hop über die Alltags-realität des Landes und seine Zerrissenheit: Da geht es um den Konflikt mit den Palästinensern und das schwierige Zusammenleben von Gruppen unterschiedlichster ethnischer und kultureller Herkunft. Thematisiert werden aber auch der Sozialabbau, die wachsende Armut und Kriminalität. Es handelt sich dabei um eine zunehmend unübersichtliche Szene zwischen heimischem Underground und international gefeierten Platin-Alben.

Zu den Pionieren gehört Mook E., der als erster mit seiner Band Schabak Samech auf Hebräisch rappte. Das war ein Novum für ein Land, dessen Musikszene bis dahin nur amerikanischen Hip-Hop und Mainstream oder lokale Folklore kannte. „Ich glaube, wir haben unseren ganz eigenen Style entwickelt. Da ist Hip-Hop drin und Reggae, da ist Rock drin und Pop, und da ist vor allem unsere Seele drin", beschreibt Mook E., dessen Familie ursprünglich aus Deutschland und Polen stammt, seinen Sound.

Der bekannteste Song des Mittdreißigers ist „Medabrim al schalom" („Vom Frieden reden"), der vielen jungen Israelis als Hymne gilt. Seine markante Zeile „Alle reden vom Frieden, niemand redet von Gerechtigkeit" will der Rapper vor allem gesellschaftskritisch verstanden wissen.

Quelle: picture-alliance/dpa

Seit den 1990er Jahren hat sich in Israel eine sehr lebendige Hip-Hop-Szene entwickelt: Rapper auf einer Straßenparty in Tel Aviv im Mai 2007.

Quelle: picture-alliance/dpa

Szene aus „Waltz with Bashir". Der dokumentarische Animationsfilm über den ersten Libanonkrieg kam im Herbst 2008 in die deutschen Kinos.

Die Palette aber ist breit: Sie reicht vom rechts-zionistischen Rapper Subliminal bis zur arabischen Band MWR, die ihrer Wut über ein Leben zweiter Klasse Ausdruck gibt.

Punks

Während Hip-Hop längst zum Mainstream zählt, gelten die Punks nach wie vor als Außenseiter. Israelische Punks, Punkmusik- und Hardcore-Hörer bilden nach außen hin eine Jugendkultur, wie man sie überall in der westlichen Welt findet. Da viele von ihnen aber den obligatorischen Militärdienst ablehnen – das geht bis hin zur Wehrdienstverweigerung – , sind sie im Alltag einem besonderen Dilemma ausgesetzt. Denn auch sie leben in einer Realität, die von Bedrohungen nicht frei ist.

Überhaupt stellte sich in Israel die Frage nach Rebellion und Rebellentum immer schon etwas anders – und das nicht nur aufgrund des permanenten Kriegszustands. Denn das zionistische Ideal rief ja eigentlich immer schon zur Rebellion auf – gegen das eigene Elternhaus (um gegebenenfalls allein ins Gelobte Land einzuwandern), gegen das Image des „wehrlosen Juden".

So sei eine ganz neue Gesellschaft entstanden, sagt die Kulturwissenschaftlerin Ronie Parciack, „mit sozialistischer und in der Praxis militaristischer Prägung, die in keiner jahrhundertealten Regierungstradition wurzelt, aber viel Spielraum bietet".

Film

Die Jugendszene ist aber nur ein Teil jener lebendigen Kulturlandschaft, die vor allem in und um Tel Aviv blüht. Vor Jahren noch als provinziell verschrien, ist nun auch der israelische Film zu weltweitem Ruhm gekommen. Im preisgekrönten und 2008 für den Oscar nominierten Film „Beaufort" erzählt der Regisseur Josef Cedar, wie israelische Soldaten auf der Festung Beaufort im Libanon auf ihren Abzug warten. Der Streifen war ein großer Erfolg in Israel. „Wenn ein Film gut läuft und er schließlich sogar ein ganzes

Land repräsentiert", mutmaßt Cedar, „dann sagt das letztlich mehr über das Land als über den Film selbst." Er glaubt, dass „Beaufort" durch die Art und Weise, „wie wir die Soldaten zeigen, in ihrer Verwundbarkeit und in ihrer Angst, mehr über die israelische Gesellschaft aussagt, als sie sich eingesteht". Der Krieg liefert in dem Film aber nur den Hintergrund. Im Vordergrund geht es darum, zu erzählen, was es heißt, in Israel 18 Jahre alt zu sein, und einen Blick in die Seelen der Jugendlichen zu werfen.

Noch mehr internationale Aufmerksamkeit erzielte aber möglicherweise der mehrfach ausgezeichnete, für den Oscar nominierte kunstvolle Zeichentrickfilm „Waltz with Bashir" (2008) von Ari Folman, der sich mit den psychischen Spätfolgen beschäftigt, unter denen die aus dem ersten Libanonkrieg von 1982 zurückgekehrten Soldaten leiden.

Der private Blickwinkel kennzeichnet zunehmend das israelische Kino der letzten Jahre. Gerade junge Regisseure erzählen Alltagsgeschichten, die politische Ereignisse, wenn überhaupt, nur als Kulisse benutzen. Indem sie an ihre Figuren nahe herangehen und sich auf ihr Lebensgefühl einlassen, gelingt es ihnen, das Politische eher auf diskrete Weise, gewissermaßen durch die Hintertür, in ihre Erzählungen hereinzulassen.

Entscheidend sind dabei nicht die großen Gesten und Analysen, sondern Detailbetrachtungen, Stimmungsbilder, vorsichtige Betrachtungen. Es geht häufig um Individuen, die aus eigener Kraft heraus die Welt um sich verändern wollen, um Menschen, die jenseits der klassischen Konfliktlinien ihre eigene Haltung suchen.

Die neueren israelischen Filme sind Porträts einer überaus komplexen Gesellschaft, die in den Nachrichtenbildern fast ausschließlich durch die Brille des Nahost-Konflikts gezeigt und letztlich auf einen Ort von Krieg und Terror reduziert wird. Es mag sein, dass dieser bewusste andere Blick das Geheimnis für ihre heimische, aber auch international wachsende Popularität ist.

Benyamin Neuberger (Auszug aus „Informationen zur politischen Bildung" 278 „Israel", S. 29 ff.)

Israel hat weder eine geschriebene noch eine ungeschriebene Verfassung.
Dies war das Ergebnis einer heftigen, kontrovers geführten Debatte in den
ersten Jahren nach der Staatsgründung, in der sich die Gegner einer
Verfassung durchsetzen konnten.

Rechtliche Grundlagen

Als Ersatz für die Verfassung gelten die so genannten Grundgesetze (nicht
zu verwechseln mit dem deutschen Grundgesetz, das einer Verfassung
entspricht), die laut Knessetbeschluss von 1950 künftig in einer Verfassung
zusammengefasst werden sollen. Mehr als 50 Jahre nach diesem Beschluss
ist dies immer noch nicht geschehen. Außerdem fehlt es noch an Grund-
gesetzen zu den meisten Grundrechten.

Eine Schlüsselfrage ist, in welcher Weise die Unabhängigkeitserklärung vom
14. Mai 1948 als Verfassungsersatz gelten kann. Sie besteht aus drei Teilen:
einem historisch-ideologischen Kapitel, das die moralische, ideelle und rechtliche Erklärung für die Staatsgründung enthält, einem operativen Teil, in
dem der neue Staat proklamiert und sein Name bestimmt wird, und einem
dritten Teil, in dem die Grundwerte des neuen Staates festgelegt werden.

Im Letzteren ist die Rede von der Verpflichtung des neu gegründeten Staates
unter anderem zu Freiheit, Gerechtigkeit und Frieden, zur völligen sozialen
und politischen Gleichheit aller Bürgerinnen und Bürger ungeachtet ihrer
Rasse, Religion oder ihrem Geschlecht, zu Glaubens- und Gewissensfreiheit
sowie zu Freiheit der Sprache, Erziehung und Kultur.

Urteile des israelischen Obersten Gerichtshofs haben jedoch festgelegt,
dass die Unabhängigkeitserklärung weder eine Verfassung sei noch über
den einfachen Gesetzen stehe. Trotzdem hat die Proklamation rechtliche

und sogar verfassungsrechtliche Bedeutung. So haben sich die Gerichte immer wieder auf ihre Prinzipien (zum Beispiel „Freiheit") gestützt, wenn es in Grundfragen keine konkreten Gesetze gab. Dennoch sind bisher alle Versuche gescheitert, die Unabhängigkeitserklärung in ihrer Gesamtheit in eine Verfassung zu verwandeln.

Bis heute hat die Knesset elf Grundgesetze zu verschiedenen Aspekten des Staatswesens verabschiedet:

Nr. 1: Gesetz über das israelische Parlament, die Knesset (1958);

Nr. 2: Gesetz über die öffentlichen Böden, das heißt Böden, die dem Staat bzw. dem Jüdischen Nationalfonds gehören (1960);

Nr. 3: Gesetz über den Staatspräsidenten (1964);

Nr. 4: Gesetz über die Regierung (1968, 1992, 2001);

Nr. 5: Gesetz über den öffentlichen Haushalt (1975);

Nr. 6: Gesetz über das Militär (1976);

Nr. 7: Gesetz über den Status Jerusalems als Hauptstadt Israels (1980);

Nr. 8: Gesetz über das Gerichtswesen (1984);

Nr. 9: Gesetz über die Staatskontrolle (1988): Zu den Aufgaben des Staatskontrolleurs, der vom Staatspräsidenten auf Vorschlag der Knesset ernannt wird und nur dieser verantwortlich ist, gehören beispielsweise die Kontrolle aller Ministerien, der Nationalbank, des staatlichen Rundfunks und Fernsehens, der staatlichen Unternehmen, der religiösen Räte auf kommunaler Ebene sowie der Universitätsverwaltungen;

Nr. 10: Gesetz über Menschenwürde und Freiheit (1992);

Nr. 11: Gesetz über die Berufsfreiheit (1992, 1994).

Parlamentarisches System

Israels Parlament, die Knesset (hebr.; Versammlung) in Jerusalem, hat 120 Sitze. Diese Zahl geht auf die „Knesset Ha Gdola" zurück – eine parlamentsähnliche Versammlung von Juden zur Zeit der griechischen Besatzung vor über 2000 Jahren. Die Abgeordneten werden in einer

Die Knesset in Jerusalem. Der Sitz des israelischen Parlaments wurde 1966 erbaut.

Schimon Peres nach seiner Vereidigung zum Staatspräsidenten am 15. Juli 2007 in der Knesset. Das Amt hat vor allem eine repräsentative Funktion.

reinen Verhältniswahl – mit einer Sperrklausel von zwei Prozent (bis 1992 ein Prozent) – alle vier Jahre gewählt. Die Wahlen sind direkt, gleich, geheim, allgemein und landesweit (das heißt, das gesamte Land ist ein Wahlkreis).

Wahlberechtigt sind alle israelischen Staatsangehörigen, die das 18. Lebensjahr vollendet haben (passives Wahlrecht mit 21 Jahren) und sich am Wahltag in Israel befinden. Die Möglichkeit einer Briefwahl besteht nicht. Gewählt werden Parteilisten. Die Knesset übernimmt wie jedes andere Parlament Funktionen der Repräsentation, der Gesetzgebung und der Regierungsaufsicht. Außerdem wählt sie den Staatspräsidenten.

Das dominierende Staatsorgan des israelischen politischen Systems ist jedoch die Exekutive. Anders als etwa in den USA kann die Regierung existenzielle Entscheidungen über Krieg und Frieden treffen, ohne das Parlament zu befragen. Sie muss auch nicht die Zustimmung des Parlaments einholen, um internationale Verträge zu unterzeichnen oder Notstandsverordnungen zu erlassen. Auch die Gesetzesinitiativen haben zum Teil ihren Ursprung in der Exekutive und nicht in der Legislative. Obwohl bislang alle israelischen Regierungen aus Koalitionsregierungen bestanden, waren und sind es meist „starke" Regierungen, in denen in der Regel ein informelles Kabinett alle wichtigen Entscheidungen traf und trifft.

Der Premier hat eine starke Stellung innerhalb der Regierung. Er ist zwar formell primus inter pares, denn alle Regierungsbeschlüsse werden mit Mehrheit gefasst, doch in der Realität fällt der Ministerpräsident alle wichtigen Entscheidungen. Ihm unterstehen Organe und Institutionen wie der Auslandsgeheimdienst Mossad, der Inlandsgeheimdienst Schabak und die Atomenergiekommission. Der Premier kann Minister ernennen und entlassen.

Seit 2002 hat er im Einverständnis mit dem Staatspräsidenten die Befugnis, das Parlament aufzulösen und Neuwahlen auszurufen. Eine weitere Reform von 2002 ist das konstruktive Misstrauensvotum, bei dessen Einführung das deutsche Modell Pate gestanden hat. Mit diesen Änderungen sollte das parlamentarische System an Effektivität und Stabilität gewinnen.

Staatspräsident

Dem von der Knesset für eine Amtszeit von sieben Jahren gewählten Staatspräsidenten kommt vor allem eine repräsentative Bedeutung zu – ähnlich wie dem deutschen Bundespräsidenten. Formal unterzeichnet er unter anderem von der Knesset verabschiedete Gesetze und internationale Abkommen, ernennt Richter und hat die Vollmacht zu begnadigen, aber er ist nicht autonom in diesen Funktionen.

Der Staatspräsident beauftragt das Knessetmitglied mit der Regierungsbildung, dem er nach Beratungen mit den Parlamentsfraktionen die besten Erfolgsaussichten einräumt. Dabei gilt, dass er nur einen Kandidaten benennen kann, der der Knesset angehört.

Der Staatspräsident kann auch durch seine moralische Autorität politischen Einfluss nehmen. Der 2007 gewählte Staatspräsident Schimon Peres etwa hat schon in den ersten Tagen seiner Amtszeit zu erkennen gegeben, dass er kein unpolitischer Präsident sein werde. Er betonte, dass er eine Friedenspolitik aktiv unterstützen werde, und veröffentlichte sogar einen Friedensplan, der einen Rückzug aus allen besetzten Gebieten vorsieht.

— Politisches System des Staates Israel

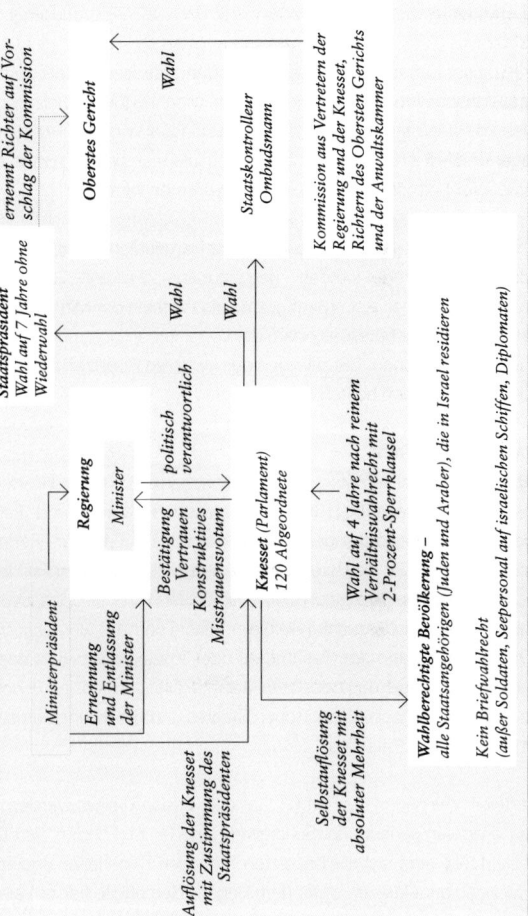

Staatspräsident
Wahl auf 7 Jahre ohne Wiederwahl

...ernement Richter auf Vorschlag der Kommission

Oberstes Gericht

Staatskontrolleur Ombudsmann

Wahl

Kommission aus Vertretern der Regierung und der Knesset, Richtern des Obersten Gerichts und der Anwaltskammer

Ministerpräsident

Ernennung und Entlassung der Minister

Regierung
Minister

politisch verantwortlich

Bestätigung
Vertrauen
Konstruktives
Misstrauensvotum

Wahl

Wahl

Knesset (Parlament)
120 Abgeordnete

Wahl auf 4 Jahre nach reinem Verhältniswahlrecht mit 2-Prozent-Sperrklausel

Auflösung der Knesset mit Zustimmung des Staatspräsidenten

Selbstauflösung der Knesset mit absoluter Mehrheit

Wahlberechtigte Bevölkerung –
alle Staatsangehörigen (Juden und Araber), die in Israel residieren

Kein Briefwahlrecht
(außer Soldaten, Seepersonal auf israelischen Schiffen, Diplomaten)

Benyamin Neuberger

Benyamin Neuberger (Auszug aus „Informationen zur politischen Bildung" 278 „Israel", S. 35 ff.)

In der Knesset hat es seit der Staatsgründung nie weniger als zehn parlamentarische Fraktionen gegeben. Eine Ursache für die Vielzahl der Parteien im Parlament ist die niedrige Sperrklausel von zwei Prozent. Wichtiger sind jedoch die kreuz und quer verlaufenden sozialen Spaltungen in der Gesellschaft, die durch die Parteien vertreten werden.

Zur besseren Übersicht kann die komplexe Parteienlandschaft in vier Gruppierungen geordnet werden – das „Tauben"-, „Falken"-, „orthodoxe" und „arabische" Lager. Außerdem gibt es die Parteien der Mitte, die keiner dieser Gruppen angehören. In jedem der Lager finden sich mehrere parlamentarische Fraktionen, die zuweilen aus lockeren Allianzen zwischen zwei oder drei Parteien bestehen.

„Tauben" und „Falken"

Die wichtigste Trennlinie zwischen den politischen Blöcken und Parteien seit dem Sechs-Tage-Krieg (1967) ist die zwischen „Tauben" und „Falken". „Tauben" werden diejenigen genannt, die das Prinzip „Land für Frieden" unterstützen. Damit ist die Bereitschaft zu einem permanenten Frieden mit den Palästinensern (in Bezug auf das Westjordanland und den Gazastreifen) und mit den Syrern (in Bezug auf die Golanhöhen) gemeint. Voraussetzung dafür ist die Rückgabe der Gesamtheit oder eines großen Teils der von Israel im Sechs-Tage-Krieg besetzten Gebiete. Die „Tauben" befürworten die Errichtung eines palästinensischen Staates und die Teilung Jerusalems zwischen Israel und Palästina.

Die Parteien, die gegen die Formel „Land für Frieden" sind, werden „Falken"-Parteien genannt. Ihr Schlagwort „Frieden für Frieden" verhüllt die Absicht, alle oder fast alle besetzten Territorien zu behalten und auf lange Sicht zu annektieren. Unter dem Begriff „Gemäßigte Falken" sind diejenigen zu verstehen, die zur Rückgabe von wenig Land (etwa 40 Prozent des Westjordanlandes) für Frieden bereit sind. Dabei wissen sie, dass dieses Angebot für die Palästinenser unannehmbar ist.

„Falken"- und „Tauben"-Parteien unterscheiden sich ebenfalls in ihrer Haltung gegenüber der arabischen Bevölkerung Israels. „Tauben"-Parteien favorisieren eine liberal-egalitäre Politik mit dem Ziel der Integration dieser Menschen. Dagegen verfolgen die „Falken"-Parteien eine Politik, die die arabischen Israelis vom Zentrum der israelischen Gesellschaft, von Wirtschaft und Politik fernzuhalten sucht. Die Unterscheidung von „Falken" und „Tauben" wird in Israel häufig als Gegensatz von „Linken" (Tauben) und „Rechten" (Falken) verstanden, obwohl die ursprüngliche Differenzierung von links und rechts eine sozioökonomische Definition war.

Die führende Partei des „Tauben"-Lagers ist die im sozioökonomischen Sinn gemäßigt linke, sozialdemokratische Arbeitspartei. Sie vertritt gemäßigte Positionen in der Außenpolitik, ist in der religiösen Frage nicht-orthodox (aber zu Kompromissen mit den Religiösen bereit) und stützt sich im Wesentlichen auf eine aschkenasische Wählerschaft. In der Vergangenheit war sie im Arbeitermilieu verortet, während sie heute den stärksten Rückhalt im gebildeten Mittelstand hat.

Im „Falken"-Lager vertritt der im ökonomischen Sinne gemäßigt rechte Likud (zu Deutsch: Einigung) „Falken"-Positionen gegenüber den Palästinensern. Er ist den Orthodoxen und Religiösen gegenüber freundlich gesinnt, stützt sich hauptsächlich auf eine sephardische Wählerschaft und ist entschieden zionistisch.

Eine weitere Falkenpartei ist Jisrael Beitenu (zu Deutsch: Israel ist unser Haus) – eine ursprünglich russische Einwanderer-Partei der 1990er Jahre. Anders als die anderen Parteien des Falkenlagers vertritt Jisrael Beitenu eine nationalistisch-weltliche Ideologie.

Schas-Anhänger mit einem Foto ihres spirituellen Oberhauptes, Rabbi Ovadja Josef, bei einer Wahlveranstaltung in Jerusalem. Die ultraorthodoxe Partei ist ebenso in der Knesset vertreten...

... wie die liberal-weltliche Kadima – im Bild Parteichefin Zipi Livni vor einem Poster Theodor Herzls am 25. Januar 2009 in Jerusalem.

Orthodoxe und ultraorthodoxe Parteien

Die orthodoxen und ultraorthodoxen Parteien definieren sich hauptsächlich über religiöse Fragen. Die Nationalreligiösen, die von der Nationalreligiösen Partei (NRP) vertreten werden, wollen einen jüdischen Staat im religiösen Sinne. Sie sehen in der Errichtung Israels die Hand Gottes, in der Staatsgründung den Anfang der Erlösung.

Die Ultraorthodoxen sind die extremste religiöse Gruppierung. Sie sehen in Israel keinen jüdischen Staat und waren auch gegen seine Gründung durch die zionistische Bewegung. Allein Gott und der Messias und nicht die zionistischen „Häretiker" haben ihrer Meinung nach die Aufgabe, den jüdischen Staat wieder zu gründen. Die meisten Ultraorthodoxen nehmen trotzdem an Wahlen teil und sind durch Parteien in der Knesset vertreten, die sogar Regierungskoalitionen angehören. Sie akzeptieren aus pragmatischen Gründen den Staat, den sie gleichzeitig ideologisch ablehnen. Denn sie benötigen staatliche Gelder, um ihre nichtstaatlichen Schulen zu finanzieren. Zwei wichtige ultraorthodoxe Fraktionen sind das Vereinigte Thora Judentum und Schas (hebr. Abk., zu Deutsch: Vereinigung Sephardischer Thora-Wächter).

Arabische Parteien

Die national-arabischen und islamisch-konservativen Parteien sind erst in den letzten 20 Jahren entstanden, da das israelische Sicherheitsestablishment vorher national-arabische oder islamische Parteigründungen nicht zugelassen hatte. Die Arabische Bewegung der Erneuerung (ABE) und die Nationale Demokratische Allianz (NDA) sind nationalistische, säkulare Parteien. Die eher konservativen, religiös-islamischen arabischen Israelis sind im Parlament durch die Vereinigte Arabische Liste (VAL) vertreten. Sie steht in der Außenpolitik für die gleichen Positionen wie die anderen arabischen Parteien, ist aber stärker islamisch geprägt und in sozialen Angelegenheiten (zum Beispiel in der Frage der Frauenrechte) konservativ.

Parteien der Mitte

Parteien der Mitte hat es in Israel immer gegeben. Bei den Wahlen 2006 wurde zum ersten Mal eine neue Partei der Mitte, Kadima (hebr.; vorwärts), stärkste Partei. Sie entstand durch eine Spaltung des Likud zwischen den Befürwortern und den Gegnern der unilateralen Räumung des Gazastreifens 2005. Auch Teile der Fraktion der Arbeitspartei, die unzufrieden mit der neuen Parteiführung des Gewerkschaftsführers Amir Perez waren, schlossen sich Kadima an. So wurde Kadima eine echte Partei der Mitte sowohl in der Außen- und Sicherheitspolitik als auch in der Wirtschafts- und Sozialpolitik. In der religiösen Frage verfolgt die eher liberal-weltliche Kadima eine pragmatische Politik der Kompromisse, wie sie seit Staatsgründung auch die Arbeitspartei vertreten hatte.

Koalitionsregierungen

Das zersplitterte israelische Parteiensystem hat dazu geführt, dass eine Partei niemals die absolute Mehrheit erhielt. Seit Staatsgründung waren alle Regierungen Koalitionsregierungen, häufig waren acht bis zehn Parteien an der Koalition beteiligt.

— Medien

Dem Zeitungsleser bietet sich in Israel eine große Auswahl an Lektüre. Die größte Tageszeitung ist „Jediot Achronot" („Letzte Nachrichten"), die täglich rund 600.000 Exemplare verkauft, gefolgt von „Maariv" („Abend").

Als Zeitung der geistigen und wirtschaftlichen Elite gilt die liberale „Haaretz" („Das Land") mit einer Auflage von etwa 75.000 Exemplaren. Sie wurde 1919 in Jerusalem gegründet und 1935 von der aus Deutschland eingewanderten Verlegerfamilie Schocken gekauft. Internationales Ansehen erwarb sich die Zeitung durch kritische und gut recherchierte Reportagen über die Situation der Palästinenser in den besetzten Gebieten. Seit 1997 gibt es im Internet unter www.haaretz.com alle wichtigen Artikel aus „Haaretz" in englischer Sprache.

Über Israel hinaus bekannt ist auch die englischsprachige „Jerusalem Post", die bis 1989 der israelischen Gewerkschaft Histadrut gehörte. Danach wechselte das Blatt zweimal den Besitzer und verlor seine einst liberale Ausrichtung.

Neben diesen vier traditionsreichen Zeitungen gibt es zahlreiche andere Blätter, die in ihrer Gesamtheit die Vielfalt der israelischen Gesellschaft widerspiegeln. Einige richten sich an die orthodoxe Leserschaft, andere an die arabischen Israelis oder die vielen Neueinwanderer. Mit wenigen tausend verkauften Exemplaren täglich spielen die deutschsprachigen „Israel-Nachrichten" aus Tel Aviv eine eher marginale Rolle.

Trotz dieser vielfältigen Presselandschaft greifen die Israelis in den letzten Jahren immer weniger zur Zeitung. Daran ist vor allem das Privatfernsehen schuld, das seit der Abschaffung des staatlichen TV-Monopols Anfang der 1990er Jahre einen Boom erlebt. Über das israelische Kabelnetz lassen sich heute mehrere hundert TV- und Radioprogramme aus der ganzen Welt empfangen.

Unter der Kommerzialisierung der Medien leidet auch der staatliche Rundfunk „Kol Israel" („Stimme Israels"), der 1948 seine Arbeit aufnahm und heute acht Programme betreibt. Im März 2008 musste „Kol Israel" aufgrund der angespannten Finanzlage der Israel Broadcasting Authority (IBA) sein Kurzwellenprogramm fast komplett einstellen.

Eine Sonderrolle spielt der vom israelischen Militär betriebene Rundfunksender „Galei Zahal" („Wellen der Armee"), der vor allem wegen seiner gut informierten Nachrichtenredaktion über die Armee hinaus sehr beliebt ist. Gleichzeitig unterliegt er wie jedes Medium in Israel der Zensur, wenn es um militärisch sensible Informationen geht.

Besonders aufgeschlossen stehen die Israelis den Neuen Medien gegenüber. 37,4 Stunden pro Woche surfen die Israelis im Schnitt im Internet. Damit liegen sie im internationalen Vergleich nach den Kanadiern auf dem zweiten Platz. Auf diesen Trend haben die „alten" Medien längst reagiert: Sie expandieren vor allem im Internet.

Nicole Alexander

Selbstkritik ist ein wesentliches Merkmal der israelischen Gesellschaft, deren lebendige Medienlandschaft nie müde wird, eigenes Versagen anzuprangern. So gerät oft aus dem Blick, welch rasante Entwicklung das Land – parallel zu äußerer Bedrohung und Kriegen – genommen hat.

Bettelarm und ohne natürliche Rohstoffvorkommen (mit Ausnahme von Mineralien im Toten Meer), hing der Staat bei seiner Gründung 1948 vor allem am internationalen Spendentropf. 60 Jahre später verhandelt er über einen Beitritt zur Organisation für wirtschaftliche Zusammenarbeit und Entwicklung (OECD), was ihm offiziell den Status einer führenden Industrienation verschaffen würde.

Jeder, der sich an die Zeit der „Zena" (zu Deutsch: Knappheit) erinnert, jene Periode in den 1950er Jahren, als die Lebensmittel streng rationiert waren und sich die Frauen darüber austauschten, wie sich aus dem wenigen überhaupt etwas kochen ließe (was auch in Kochbüchern verewigt wurde), kann sich angesichts dieses Aufschwungs nur die Augen reiben. Aus dem Land, wo die Jaffa-Orangen blühen, ist längst ein moderner Staat geworden.

Hochtechnologie als Wachstumsmotor

Die Landwirtschaft erwirtschaftete in den 1950er und 1960er Jahren bis zu 60 Prozent der Gesamtexporte. Heute beträgt ihr Anteil am Außenhandel knapp drei Prozent. Mittlerweile sind die wichtigsten Branchen Diamantenveredelung, Sicherheits- und Rüstungstechnik, Tourismus, Metallverarbeitung und vor allem die Hightechindustrie.

In gewisser Weise hat Israels Wirtschaftsentwicklung das 20. Jahrhundert einfach übersprungen. Dass klassische Stützpfeiler westlicher Industrien wie Kfz-Produktion und Schwerindustrie fehlen, sei aber eher ein Vorteil,

— Wirtschaftsdaten Israel (2008)

BIP (nom.) .... *202,1 Mrd. USD*

BIP/Kopf .... *28. 409 USD*

Wachstum BIP real ....*4,0 %*

Durchschnittslohn (2007) .... *circa 1.379 Euro*

Inflationsrate ....*3,6 %*

Arbeitslosigkeit ....*6,2 %*

Leistungsbilanz ....*1,0 %*

Haushaltssaldo in Prozent des BIP .... *-2,8*

Auslandsverschuldung (brutto) ....*86,1 Mrd. USD*

Import (Waren und Dienstleistungen) ....*65,2 Mrd. USD*

Export (Waren und Dienstleistungen) ....*61,3 Mrd. USD*

Ausländische Direktinvestitionen (Zuflüsse) ....*9,639 Mio. USD*

Export nach Deutschland .... *1,54 Mrd. USD*

Import aus Deutschland .... *2,72 Mrd. USD*

Quelle: Germany Trade & Invest, Wirtschaftsdaten kompakt: Israel, Stand: November 2009

behauptet Dan Caterivas, Direktor der internationalen Abteilung der israelischen Industriellenvereinigung. Denn die Hochtechnologie, auf der Israels Wachstum fußt, sei viel flexibler und könne sich schneller an die Anforderungen des Weltmarktes anpassen als andere Branchen.

Die Hightechindustrie stellt heute ungefähr ein Viertel der Industrieproduktion. Rund 80 Prozent der in Israel hergestellten Hightechprodukte gehen ins Ausland, die Ausfuhren von Software, IT-Technik und elektronischen

Bauelementen stellen mit etwa 25 Prozent den Löwenanteil unter den Exportwaren (exklusive Diamanten). Und an der US-amerikanischen Technologie-Börse NASDAQ sind israelische Unternehmen nach Kanada die zweitstärkste Auslandsfraktion.

Der Erfindungsreichtum ist groß und er wird auch massiv gefördert. Die nationalen Ausgaben für zivile Forschung und Entwicklung (FuE) betrugen im Jahr 2007 knapp 4,7 Prozent des Bruttoinlandsproduktes (BIP) und damit ein Gesamtvolumen von 7,7 Milliarden US-Dollar. Zum Vergleich: Deutschland verwendet nur 2,51 Prozent seines BIP für derartige Investitionen in die Zukunft.

So wurde etwa die Technologie, mit deren Hilfe die US-amerikanische Luft- und Raumfahrtbehörde NASA 2004 Videobilder vom Mars zur Erde sandte, von zwei Israelis entwickelt. Auch die „Windows XP"-Software des multinationalen Softwareherstellers Microsoft wurde größtenteils von Microsoft Israel erarbeitet. Die Telefonie über das Internet ist genauso in Israel erfunden worden wie der USB-Stick oder das Chatprogramm ICQ, mit dessen Hilfe heute Millionen Menschen online kommunizieren.

Kein Wunder, dass Israel auch für ausländische Unternehmen ein attraktiver Standort geworden ist. Über 110 nichtisraelische Firmen wie der Halbleiterhersteller Intel, der Suchmaschinenbetreiber Google, der Softwarehersteller SAP oder das Technologieunternehmen Hewlett Packard haben vor Ort Forschungs- und Entwicklungszentren aufgebaut.

Rolle der Armee

Der Unternehmer Jossi Vardi, der als Vater der israelischen Hightechbranche gilt und unter anderem hinter ICQ steckt, führt diese Erfolge auf die „hiesige Mischung aus Unternehmergeist und Kreativität" zurück und auf eine Kultur, die ein Scheitern nicht verurteile, sondern zum Anlass für einen Neustart nehme. Fantasie und Risikobereitschaft sind zudem Fähigkeiten, die in der Armee gefördert werden.

Wer früh Talent zeigt, wird schon in der Schule als potenzielles Mitglied für die so genannten Computerbrigaden oder andere technologische Spezialeinheiten ausgemacht, in denen dann unter Traumbedingungen geforscht wird. Wer etwa in „Mamram" diente, der Computereinheit des Militärs, kann oft direkt von der Uniform in den Businessdress wechseln.

Der militärische Hintergrund der meisten Start-up-Unternehmer ist auch der Grund, warum israelische Anbieter wie Aladdin Knowledge Systems oder Check Point Software heute weltweit führend in Datensicherheit sind. „Viele Leute kennen sich noch aus der Armee und sind bestens vernetzt. Das funktioniert wie bei den Old boy networks an den amerikanischen Universitäten", erzählt Ori Rubin. Er ist Produktmanager bei Tufin Technologies, einem 2003 gegründeten Unternehmen, das Firewall-Software entwickelt.

Die Dominanz des Hightechsektors in der israelischen Wirtschaft ist zugleich auch ihre Achillesferse. Als nach der Jahrtausendwende die Branche weltweit von einer Krise erfasst wurde, traf sie Israel ungleich härter. Und die überdurchschnittlich hohe Abhängigkeit von Exportmärkten wird auch in Israel in der aktuellen globalen Rezession tiefe Spuren hinterlassen.

Die israelischen Geschäftspartner sitzen in der Regel im Fernen Osten, in Europa und den USA. Denn zum einen hat Israel mit seinen ihm mehrheitlich immer noch feindlich gesonnenen Nachbarn kein natürliches Hinterland für Exporte, zum anderen wäre die arabische Welt mit ihrem insgesamt niedrigeren Bildungsniveau und ihrer geringeren Kaufkraft auch kein echter Markt für seine Technologieprodukte.

Das verstärkt das Inseldasein – trotz aller globalen Vernetzung. Denn fast alle regionalen Kooperationsversuche scheiterten am Primat der Politik: Anders als bei der Entwicklung der Europäischen Union lässt sich der Nahost-Konflikt offensichtlich nicht zunächst durch eine gemeinsame Wirtschaftsentwicklung entschärfen.

Wohlstandskluft im Inneren

Doch nicht nur zwischen Israel und seinen Nachbarn herrscht eine Wohlstandskluft, sondern auch im Land selbst. Der Übergang von einer staatlich dirigierten zu einer offenen, weitgehend marktorientierten Wirtschaft förderte eben nicht nur das Wachstum, sondern forderte auch einen hohen sozialen Preis. Die Statistiken sprechen für sich: Der Anteil der Israelis, die unterhalb der Armutsgrenze leben, stieg in den vergangenen Jahren von 15 auf über 24 Prozent.

Nach Angaben der Nationalen Versicherungsbehörde galten in der ersten Hälfte des Jahres 2008 mehr als 1,6 Millionen Israelis als arm, darunter mehr als 770.000 Kinder und Jugendliche. 2006 lag der israelische Durchschnittsverdienst bei 7.383 Schekel (1.342 Euro). Der Mindestlohn für eine Vollzeitstelle beträgt 3.850 Schekel, das sind umgerechnet weniger als 750 Euro – bei Lebenshaltungskosten auf westeuropäischem Niveau. Der Reichtum konzentriert sich auf eine immer vermögender werdende Elite. 18 prominente Familien, so rechnete die Tageszeitung „Haaretz" im Jahr 2006 vor, verfügten über 20 Prozent des Volksvermögens in einem Land mit rund 7,2 Millionen Einwohnern. Die soziale Schere geht mittlerweile so weit auseinander, dass viele Israelis darin die größte Bedrohung für ihren Staat sehen.

Wer sich ein Bild machen will vom reichen und vom armen Israel, reist zunächst am besten nach Kirjat Atidim, das glänzende Hightech-Viertel im Norden Tel Avivs, wo junge Start-ups neben relativ alteingesessenen Unternehmen über globale technologische Lösungen nachdenken – und dann in die sichtlich so viel ärmeren und abgelegenen Entwicklungsstädte im Negev. Zentrum und Peripherie spiegelten schon immer die soziale und wirtschaftliche Spaltung des Landes in Privilegierte und Benachteiligte wider, die aber im Ernstfall Seite an Seite kämpfen müssen. Deshalb bedroht die Wohlstandskluft auch die Sicherheit.

Quelle: Hanna Huhtasaari

Bürogebäude des Drogeriekonzerns Super-Pharm im „Business Park" von Herzlija bei Tel Aviv. Die israelische Wirtschaft hat eine rasante Entwicklung genommen,…

Quelle: Hanna Huhtasaari

… doch der soziale Preis ist hoch: Etwa ein Viertel der Israelis lebt unterhalb der Armutsgrenze, wie dieser Obdachlose auf der Allenby-Straße in Tel Aviv.

Bei den schwierigen nahöstlichen Wetterbedingungen brauche Israel eine dickere Schutzschicht als andere Staaten, sagt der ehemalige Vorsitzende der linken Merezpartei, Jossi Sarid. „Unsere Gesellschaft muss die solidarischste der Welt sein, denn die Anforderungen an unsere Bürger sind höher als sonst auf der Welt. Die israelischen Männer etwa müssen drei Jahre Militärdienst und danach bis zum 42. Lebensjahr Reservedienst leisten. In Italien kann man ohne außergewöhnliche Solidarität zusammenleben, auch in Deutschland. Hier nicht. Hier haben wir eine umgekehrte Pyramide: Die Anforderungen sind am höchsten und die Gegenleistungen am geringsten."

Wie viele Israelis misst Sarid die Realität an den einstigen Idealen der zionistischen Visionäre. Würde man mit Theodor Herzl heute durchs Land fahren, glaubt er, würde er zwei Dinge vermissen: soziale Gerechtigkeit und Frieden.

— Der Kibbuz – Aushängeschild in der Krise

Israel war einst ein sozialistisches Projekt. Zu den ureigenen Erfindungen gehörte der Kibbuz – eine landwirtschaftliche Gemeinschaftssiedlung, die auf dem Prinzip der Gleichheit beruht und in der es kein Privateigentum gab. Obwohl selbst während seiner Glanzzeit in den ersten Jahrzehnten nach der Staatsgründung 1948 nie mehr als sechs Prozent der Juden des Landes in einem Kibbuz lebten, war dieser lange Zeit Inbegriff mustergültiger Lebensgestaltung.

Degania Alef, der älteste Kibbuz Israels, wurde im Oktober 1909 und damit kurz nach Tel Aviv gegründet. Heute, knapp hundert Jahre später, ist Tel Aviv eine Großstadt, die sich mit europäischen Metropolen messen kann, während Degania Alef eine kleine, intime Kommune geblieben ist.

Dem ersten Eindruck nach ist dort alles wie immer: Die Gemeinschaftsge-bäude aus dunklem Basaltstein, der Stallgeruch, das Vogelgezwitscher aus den hohen Baumwipfeln, der Blick auf den See Genezareth. Doch die Kulisse täuscht. In Degania hat eine Revolution stattgefunden. 2007, fast hundert Jahre nach seiner Gründung, verabschiedeten sich die Kibbuz-mitglieder mit überwältigender Mehrheit von jenem Gleichheitsprinzip, das bis dahin ihr Dasein geregelt hatte: „Jeder arbeitet nach seinen Fähigkeiten, und jeder erhält, was er braucht."

Damit ist es vorbei. In Degania Alef wird heute Leistung honoriert. Wer viel arbeitet, soll auch mehr Geld verdienen. Niemand muss mehr sein Gehalt ans Kollektiv abführen, die Kibbuzniks dürfen es selbst verwalten. Allerdings bezahlen sie eine „progressive Steuer" für Dienstleistungen wie Erziehung und Gesundheitsversorgung, die allen Mitgliedern weiterhin zur Verfügung stehen.

Die neue Ära hat auch neue Funktionen mit sich gebracht. Eine davon bekleidet Zali Kupperstein. Er ist „Kibbuzmanager" und gilt als eine der

Bau eines Kibbuz in Palästina 1935. Die Geografie der Kibbuzim hatte maßgeblichen Einfluss auf die Grenzziehung des künftigen Staates Israel.

Viele Kibbuzim sind in den letzten Jahren privatisiert worden. Arbeiterinnen in einer Plastikfabrik des Kibbuz Merhavia im Norden Israels.

treibenden Kräfte hinter der Privatisierung. Die jüdischen Pioniere aus Russland, die Degania Alef einst gegründet haben, sagt er, „wären auf unsere Entwicklung stolz". Denn sie beweise Anpassungsfähigkeit.

Dass die eigene Geschichte in Degania Alef stets gegenwärtig ist, zeigt nicht nur das gepflegte Museum, das auf so prominente Mitglieder wie den legendären Verteidigungsminister Mosche Dajan verweist. Auch im Verwaltungsgebäude, wo Kupperstein vor seinem Computer sitzt, hängen überall Schwarz-Weiß-Aufnahmen von jener Avantgarde zionistischer Siedler, die einst die Sümpfe trocken legte und zunächst alles, sogar die Unterwäsche, teilte. Allerdings nicht lange.

Nach fünf Jahren nähte man Zahlen auf die Kleidungsstücke. Hemd und Hose wurden zum ersten Eigentum. „Sehr schnell war klar geworden, dass eben nicht jeder gleich ist", sagt Kupperstein. Auch gab es in Degania Alef nie ein Kinderhaus, jene berühmt-berüchtigte Kibbuz-Institution, die den eigenen Nachwuchs dem Kollektiv zuschrieb und ihn am liebsten schon gleich nach der Geburt von den Eltern trennte. Er selbst sei in einem solchen Kibbuz mit Kinderhaus aufgewachsen und habe das ohne psychische Schäden überstanden, erzählt Kupperstein. Aber seine Eltern könne er, da er nun selbst Vater von drei Kindern ist, nicht verstehen.

Privatisierung in kleinen Dosen

Heute sind aus den Kinderhäusern längst normale Kindergärten geworden. Doch auch dieser Schritt Richtung Bürgerlichkeit hat nicht verhindern können, dass die Attraktivität des Kibbuzdaseins abnimmt. Die Hälfte der in Degania Alef geborenen Kinder verlässt als Erwachsene den Kibbuz: Sie ziehen oft ein Leben in der Stadt vor, wollen ihre Zukunft nach eigenen Maßstäben gestalten, fernab von jedem Kollektivdasein.

Das Durchschnittsalter der 320 Mitglieder – die 110 minderjährigen Kinder nicht mitgerechnet – beträgt 55 Jahre. Eine tragfähige Planung ist somit schwierig. Die Privatisierung „in kleinen Dosen" wird, wie alle Befürworter versichern, als Rettungsanker, als Überlebensversicherung gesehen. „Wir wollen den Kibbuz nicht kaputtmachen, sondern ihn stärken", lautet ihre Parole. Sie klingt zuweilen wie eine – ebenso nach innen wie nach außen gerichtete – Werbekampagne. Denn jeder kennt die kritischen Fragen: Sind die leistungsabhängigen Löhne der erste Dominostein, der am Ende alle restlichen Kibbuz-Prinzipien mit sich reißen wird – so wie heute in Osteuropa nichts mehr vom Sozialismus übrig geblieben ist? Ist das Projekt Kibbuz überhaupt noch zu retten, während sich die Gesellschaft rundherum längst verbürgerlicht hat?

Der allgemeine Trend weist auf ein Auslaufmodell hin. Weit mehr als die Hälfte der etwa 270 Kibbuzim des Landes hat den Weg in Richtung Privatisierung eingeschlagen, Degania Alef war Nummer 154. Bei vielen ist lediglich der Name übrig geblieben.

Auf manchem Gelände stehen Einkaufszentren, werden Hotels betrieben und zahlende „Mieter" zugelassen, die keine Kibbuzmitglieder sind. Andere beschäftigen in ihren Fabriken oder auf ihren Plantagen zu Niedriglöhnen Gastarbeiter aus dem Fernen Osten. Heute leben insgesamt rund 104.000 Israelis im Kibbuz, 1994 waren es noch 125.000.

Sinkender Einfluss

Dass das Kibbuz-Dasein an Attraktivität verloren hat, spiegelt den Wandel in der israelischen Gesellschaft und Wirtschaft insgesamt wider. Die Israelis sind mit den Jahren nicht nur individualistischer geworden, sondern auch konsum- und profitorientierter.

Ursprünglich hatten die Kibbuzniks durch ihre Siedlungen die Grenzen des künftigen Staates bestimmt, später nahmen sie Flüchtlinge aus Europa auf. Sie galten als eine kleine, einflussreiche Elite, die in der Knesset, Regierung und Armee dominierte. Das Image begann zu bröckeln, als sich die Kassen leerten. Als 1977 der Likud erstmals die Arbeitspartei an der Regierung ablöste, wurden die Subventionen gekürzt. Zudem brachten Wirtschaftskrise und Inflation in den 1980er Jahren viele Kibbuzim in arge finanzielle Bedrängnis, Misswirtschaft trieb manche in den endgültigen Ruin.

In Degania Alef hingegen wusste man mit Geld umzugehen. Die Gewinne der kibbuzeigenen Fabrik, die Werkzeuge mit Diamantschneidern herstellt, waren gut angelegt worden. Pensionsfonds bieten ein Sicherheitsnetz für die sozial Schwächeren und nehmen den Privatisierungsgegnern Wind aus den Segeln. Ab einem Alter von 65 Jahren bekommt jeder in Degania Alef umgerechnet 950 Euro Rente im Monat, unabhängig davon, welcher Arbeit er zuvor nachgegangen ist. Das ist viel für israelische Verhältnisse.

Auf diese Errungenschaft ist der emeritierte Soziologieprofessor Jeheskel Dar stolz. Dar war mehrere Male Kibbuzsekretär und gehört dem „Veränderungsteam" in Degania Alef an. Auch er sieht die Privatisierung als „entscheidenden Wandel", aber warnt davor, diesen Schritt mit dem Ende des Kibbuzwesens gleichzusetzen. „Auf der ganzen Welt gibt es keine säkulare Kommune, die – auf freiwilliger Basis – so lange existiert wie der Kibbuz."

Und es werde ihn weiter geben, wenn auch mit verändertem Vorzeichen. „Die gesamte Gesellschaft hat sich verändert, und der Kibbuz stand durch Studium, Beruf und Militär immer in enger Verbindung mit ihr. Heute genügt der asketische Lebensstil eben niemandem mehr – weder den Menschen im Kibbuz noch denen draußen."

Ist der Kibbuz also am Ende? In seiner ursprünglichen Form sicherlich, aber nicht unbedingt als Idee. In jüngster Zeit gibt es sogar Wiederbelebungsversuche. Jüngere Israelis etwa gründen Stadt-Kibbuzim oder Kommunen am Stadtrand. Zu diesen alt-neuen Pionieren gehören oft auch Aussteiger aus der Hightech-Branche, die nach Jahren beruflicher Hektik einen beschaulicheren und zugleich sinnerfüllten Lebensstil suchen.

Seit seiner Gründung im Mai 1948 kennt Israel Kriege. Bei den meisten ging es für die Israelis ums Überleben. Ein verlorener Krieg hätte für den ausschließlich von Feinden umgebenen Staat das Ende bedeutet. Zu den folgenreichsten gehört zweifelsohne der von den Israelis so genannte Sechs-Tage-Krieg im Juni 1967, in dessen Verlauf Israel unter anderem das seit 1950 von Jordanien annektierte Westjordanland mit Ostjerusalem und den unter ägyptischer Verwaltung stehenden Gazastreifen eroberte. (Da an dieser Stelle nur einige Aspekte des komplexen Nahost-Konflikts aufgegriffen werden können, beschränkt sich dieses Kapitel auf das Verhältnis Israels zu den Palästinensern nach 1967.)

Weitsichtige israelische Politiker, vor allem aus dem linken Parteienspektrum, betrachteten die besetzten Gebiete zwar von vornherein als Verhandlungsgut, um Friedensabkommen mit den feindlichen Nachbarstaaten und Kriegsgegnern Ägypten, Syrien und Jordanien auszuhandeln – nach dem Prinzip „Land für Frieden". Noch im August 1967 aber kam es zur Versammlung der Arabischen Liga in der sudanesischen Hauptstadt Khartum mit ihren berühmten „drei Neins": Nein zum Frieden mit Israel, nein zur Anerkennung Israels, nein zu Verhandlungen mit Israel. (Erst zwölf Jahre später, 1979, sollte Ägypten als erstes arabisches Land Frieden mit Israel schließen.) Zudem entdeckten damals viele Israelis in der Euphorie über den raschen Sieg die historischen jüdischen Stätten in den besetzten Gebieten wieder – wie die Klagemauer in der Jerusalemer Altstadt, die für sie bis dahin unzugänglich gewesen war, oder die Gräber der Patriarchen in Hebron. Vor allem religiös motivierte „Pioniere", wie sie selbst sich sahen, begannen mit den ersten Siedlungsprojekten im Westjordanland und der Jerusalemer Altstadt – dem historischen Zentrum des biblischen Israel.

Im Laufe der Jahre sollten sich die Siedlungen in den besetzten Gebieten, die von der damals regierenden linken Arbeitspartei in begrenztem Maß geduldet und mit der Regierungsübernahme durch den rechtsgerichteten Likud 1977 aktiv gefördert wurden, allerdings zu schwerwiegenden „Tatsachen auf dem Boden" entwickeln.

Für die palästinensische Bevölkerung hatte und hat der Siedlungsbau eine immer stärkere Zerstückelung ihres Territoriums, den Wegfall von landwirtschaftlicher Anbaufläche und einen erschwerten Zugang zu Wasser zur Folge. Fragt man Palästinenser, was in ihren Augen besonders dazu beitrug, dass die PLO Ende der 1980er Jahre erstmals eine Zwei-Staaten-Lösung – also die Teilung des historischen Palästina in einen jüdischen und einen arabisch-palästinensischen Staat – zu akzeptieren begann, lautet die Antwort: „Die Siedlungen, die uns langsam die Luft nahmen." Später galten sie – und gelten bis heute – als Hindernisse im Friedensprozess.

Annäherung ab 1990

Anfang der 1990er Jahre kam es zu einer Annäherung zwischen Israelis und Palästinensern. Die Gründe hierfür sind vielschichtig. In Israel hatten die erste Intifada (arabisch; auf Deutsch: „Abschütteln") von 1987, ein weitgehend ziviler Aufstand der Palästinenser gegen die israelische Besatzung, sowie eine wachsende interne Kritik an dieser Besatzung zu einem allmählichen Umdenken geführt. Weltpolitisch aber war es das Ende des Kalten Krieges, das sich als „Fenster der Gelegenheiten" präsentierte, weil die arabische Welt plötzlich ohne sowjetischen Schutzpatron und dazugehörige Waffenlieferungen dastand. Der Golfkrieg von 1991, der auf die Invasion Kuwaits durch den Irak folgte, hielt zudem neue Lehren für die Israelis bereit. Die Vereinten Nationen hatten vergeblich versucht, den irakischen Diktator Saddam Hussein zum Rückzug aus Kuwait zu bewegen. Internationale Truppen unter Führung der USA starteten daraufhin einen Militäreinsatz gegen den Irak. Als Antwort darauf schoss der Irak Raketen vom Typ „Scud" auf Israel ab. Ein Teil davon schlug in Städten wie Tel Aviv und Haifa ein, kostete mehrere Menschen das Leben und führte zu der

Erkenntnis, dass strategische Tiefe allein keine ausreichenden Sicherheitsgarantien mehr bietet. Mit der Friedenskonferenz von Madrid Ende Oktober 1991 begann eine neue Etappe des nahöstlichen Friedensprozesses: Erstmals nahmen an einer Nahost-Konferenz sowohl Israel als auch Jordanien, dessen Delegation palästinensische Vertreter angehörten, Syrien und der Libanon teil.

Osloer Verträge

Während diese Gespräche aber auf der Stelle traten, handelten israelische Regierungsmitarbeiter und hochrangige Vertreter der PLO in Norwegen in aller Abgeschiedenheit die Osloer Verträge aus, in denen sich beide Seiten erstmals gegenseitig anerkannten. Das war aber nur der Anfang eines Prozesses, der den Israelis Frieden und den Palästinensern einen eigenen Staat in Aussicht stellte.

Am 13. September 1993 unterzeichneten der israelische Premierminister Jizchak Rabin und PLO-Chef Jassir Arafat das Oslo-I-Abkommen, zwei Jahre später folgte das Oslo-II-Abkommen. Darin wurde unter anderem die schrittweise Übertragung von Territorium und politischen Zuständigkeiten an die Palästinenser vereinbart, die im Mai 1999 mit einem Friedensvertrag abgeschlossen werden sollte. Was Rabin antrieb, war die Vorstellung einer neuen Zweiteilung im Nahen Osten – in moderate und fundamentalistische Regime: Ihm ging es um die Schaffung eines Sicherheitsringes um Israel, das Verträge mit den Palästinensern, mit Jordanien (das Friedensabkommen wurde im Oktober 1994 unterzeichnet) und später auch mit Syrien und dem Libanon anstreben sollte.

So würde der Nahe Osten aus einem befriedeten Kern und einem Ring aus weiter entfernten feindlichen Staaten wie dem Iran und Irak bestehen. Israel würde mit den moderaten Arabern gemeinsame Front machen – gegen die Extremisten in der Region, die alle gleichermaßen bedrohten.

Quelle: Süddeutsche Zeitung Photo / AP

Israelische Fallschirmjäger am 5. Juni 1967 vor der Klagemauer. Mit der Eroberung Ostjerusalems war sie erstmals seit fast 20 Jahren wieder für Juden zugänglich.

Quelle: Süddeutsche Zeitung Photo / AP

Historischer Händedruck: Rabin (l.) und Arafat nach der Unterzeichnung des Osloer Abkommens am 13. September 1993 in Washington. Hinter ihnen US-Präsident Bill Clinton.

— Jassir Arafat – vom Guerillakämpfer zum Friedensnobelpreisträger

Jassir Arafat

Für die einen war er ein Terrorist, für die anderen ein Freiheitskämpfer: Jassir Arafat, 1929 nach offiziellen Angaben in Jerusalem geboren, gründete 1958 die Guerillaorganisation Fatah, die sich der Errichtung eines säkularen Palästinenserstaates auf dem Gebiet Gesamtpalästinas und damit der Vernichtung des Staates Israel verschrieb. Ende 1964 verübten Kommandos der Fatah (das arabische Wort bedeutet übersetzt „Sieg" und ist zugleich ein arabisches Akronym für „Bewegung zur Befreiung Palästinas") erste Anschläge in Israel.

1967 trat die Fatah der Palästinensischen Befreiungsorganisation (PLO – Palestine Liberation Organization) bei. Die PLO war 1964 als politischer und militärischer Dachverband der Guerillaorganisationen gegründet worden, die für einen unabhängigen arabischen Staat Palästina kämpften. 1969 ließ sich Arafat an die Spitze der PLO wählen, deren Vorsitz er bis zu seinem Tod 2004 innehatte. Seine Fatah wurde die stärkste Gruppierung innerhalb der PLO, die sich unter Arafat zu einer Art Exilregierung der Palästinenser entwickelte.

In den späten 1960er und 1970er Jahren machte die PLO vor allem mit verheerenden Terroranschlägen in Israel und außerhalb (etwa bei den Olympischen Spielen in München 1972) und Flugzeugentführungen auf sich aufmerksam. Ende der 1980er Jahre dann der Wandel: 1988 schwor Arafat dem Terror ab und ließ erkennen, dass er bereit sei, das Existenzrecht Israels anzuerkennen.

Dieser Schritt machte eine Annäherung zwischen Israel und der PLO möglich: 1993 erkannten sich beide Seiten gegenseitig an. Dafür wurde Arafat gemeinsam mit seinen israelischen Vertragspartnern, Premierminister Jizchak Rabin

Quelle: Süddeutsche Zeitung Photo / SZ Photo

und Außenminister Schimon Peres, 1994 mit dem Friedensnobelpreis aus-
gezeichnet. 1996 wurde er zum Präsidenten der Palästinensischen Autonomie-
gebiete gewählt.

Doch die Vision vom Frieden erwies sich als verfrüht. In Arafats Fatah
grassierte die Korruption, was beim palästinensischen Volk zunehmend auf
Kritik stieß. Dadurch gewann die radikal-islamische Hamas an Zulauf, die
im offiziellen Friedenskurs der PLO einen Verrat an der palästinensischen
Sache sah. Zudem wurde Arafat durch seine Verstrickung in den Terror seit
Ausbruch der zweiten Intifada im Herbst 2000 für die Israelis zur politi-
schen Unperson.

Als er im November 2004 starb, war ein eigener Palästinenserstaat in weite
Ferne gerückt. Nachfolger Arafats als Palästinenserpräsident wurde sein
enger Vertrauter Mahmud Abbas.

Die Umsetzung der Osloer Verträge aber erwies sich als äußerst schwierig.
Die Siedlerbewegung und generell die Angst vor Terror heizten die interne
Stimmung gegen Rabin an, der Anfang November 1995 von einem fana-
tischen religiösen Israeli ermordet wurde. Wenig später erschütterte eine
Welle von palästinensischen Selbstmordanschlägen das Land und verhalf
Likud-Chef Benjamin Netanjahu zum Wahlsieg. Doch auch der verhandelte.
Er unterzeichnete 1998 das Wye-Abkommen, das eine Ausweitung der
palästinensischen Selbstverwaltung vorsah. Dieser Schritt stellte einen
ideologischen Meilenstein dar, weil damit erstmals ein rechter Politiker
Abschied von der Vorstellung eines „Groß-Israel" – das eben auch das
Westjordanland und den Gazastreifen mit einschließt – nahm.

Zweite Intifada

1999 kam es erneut zum Regierungswechsel: Der Chef der Arbeitspartei,
Ehud Barak, stellte Frieden mit den Palästinensern innerhalb von 15 Monaten
in Aussicht.

„Dem Negev fehlen Juden und Wasser", verkündete einst Ben Gurion. An Menschen mangelt es heute nicht mehr: Über sieben Millionen bevölkern das kleine Land. An Wasser mangelt es mehr denn je. Mittlerweile nicht nur in der Wüste Negev, sondern fast überall.

[...] „Jeder Fluss außer dem Jordan liegt trocken oder ist ein Abwasserkanal", sagt Gidon Bromberg von der Organisation Freunde der Erde. Und auch vom Jordan ist nicht mehr viel übrig. 90 Prozent seines Wassers zapfen Israel und Jordanien ab. Der Rest ist schmutzig und voller Müll. Das größte Süßwasserreservoir, der See Genezareth, schrumpft offensichtlich. [...]

Und – so paradox es klingt – sogar das Tote Meer stirbt. Es zieht sich pro Jahr um einen Meter zurück. [...] Trotz der prekären Lage liegt der private Wasserverbrauch Israels auf europäischem Niveau. In den palästinensischen Autonomiegebieten gehört der Mangel bereits zum Alltag. Bauern behelfen sich, indem sie illegal Brunnen bohren.

Die Verschmutzung hat gefährliche Ausmaße angenommen. „Wir haben viel zu hohe Werte an Colibakterien im Trinkwasser", sagt Mohammad Said al-Hmaidi, ehemaliger Direktor der Umweltbehörde in den Autonomiegebieten. „Aber die Frage, ob wir es nutzen sollten, stellt sich gar nicht, denn wir haben keine Alternative." Kommt der Krieg ums Wasser? [...]

Allen ist bewusst, dass der Wasserverbrauch gesenkt werden muss. [...] Doch Sparen allein genügt nicht. Neue Wasserquellen müssen erschlossen werden. Und da man alle Süßwasserressourcen des Landes bereits nutzt, bleibt nur das Meer. Bereits 1956 sah Staatsgründer Ben Gurion die Zukunft in der Entsalzung. [...]

In dem Ort Aschkelon zwischen Gazastreifen und Tel Aviv wurde Ben Gurions Vision 50 Jahre später zur Wirklichkeit. Dort steht heute eine der größten und modernsten Meerwasserentsalzungsanlagen der Welt. Sie pumpt täglich 370.000 Kubikmeter Wasser ins Leitungsnetz, sechs Prozent des gesamten israelischen Bedarfs. [...]

Auf der anderen Seite des schmalen Landes, nur 65 Kilometer von Aschkelon entfernt, steht ein Stein, der eine Inschrift aus britischer Mandatszeit trägt. Die Engländer stellten ihn einst am Ufer des Toten Meeres auf, um den tiefsten Punkt der Erde zu markieren. Das war in den 30er-Jahren. Heute steht der Stein mitten in der Wüste. [...]

Bald schon könnte der Wasserspiegel des Toten Meeres wieder steigen. [...] Ein Kanal soll Wasser vom Roten Meer ins Tote Meer leiten. In Kooperation mit Israel und der palästinensischen Autonomiebehörde will die jordanische Regierung das Projekt verwirklichen. Es soll dreifachen Segen bringen: Das Wasser aus dem Roten Meer soll das Tote Meer auffüllen, durch ein Kraftwerk Strom erzeugen und eine Entsalzungsanlage speisen.

Das klingt verlockend, doch [...] die meisten Umweltschutzgruppen Israels sind dagegen. Sie fürchten ökologische Schäden für beide Gewässer. [...] Doch das Projekt scheint kaum noch aufzuhalten zu sein. In Jordanien gibt es nur eine schwache Opposition dagegen.

[...] So wird der Kanal wohl kommen und – wenn alles gut geht – die Wassernot in Jordanien, Israel und den palästinensischen Autonomiegebieten lindern. Das Austrocknen des Toten Meeres wäre gebremst, und vielleicht dürfte auch der Jordan wieder ein richtiger Fluss werden. [...]

Michael Miersch, „Was vom Jordan übrig blieb", in: Die Welt vom 15. November 2008.

Sogar das Tote Meer stirbt: Vor rund 20 Jahren reichte sein Wasserspiegel noch bis zu diesem Dock, inzwischen zieht es sich pro Jahr um etwa einen Meter zurück.

Doch die Verhandlungen von Camp David 2000 unter Vermittlung von US-Präsident Bill Clinton scheiterten unter anderem daran, dass sich Israelis und Palästinenser nicht über den territorialen Zuschnitt eines künftigen Palästinenserstaates einigen konnten. Es folgte im Herbst 2000 eine zweite – diesmal hoch bewaffnete – Intifada. Diese so genannte Al-Aqsa-Intifada brachte Likud-Chef Ariel Scharon an die Macht, der hart zurückschlug.

Als Infrastrukturminister unter Netanjahu hatte Scharon in den Jahren zuvor den Siedlungsbau massiv gefördert. Im Sommer 2005 aber stieß er mit der einseitigen Räumung aller jüdischen Siedlungen im Gazastreifen seine einstigen Siedler-Schützlinge vor den Kopf. Auch Scharon erkannte letztlich, dass die Besatzung der palästinensischen Gebiete nicht im Interesse Israels liegt. Schon aus demografischen Gründen müsse Israel sich von den Palästinensern trennen, lautete nun die Staatsräson, um seinem Selbstverständnis als jüdischer und demokratischer Staat gerecht zu werden. Denn die langfristigen Optionen eines „Großisrael" sind klar: Entweder Israel annektiert die besetzten Gebiete und macht die dort ansässigen Palästinenser zu seinen Staatsbürgern. Dann aber wäre es aufgrund der großen Zahl der Palästinenser – in Gaza und dem Westjordanland leben knapp vier Millionen – und ihrer hohen Geburtenrate in absehbarer Zeit kein jüdischer Staat mehr. Oder Israel annektiert die besetzten Gebiete, ohne den dort lebenden Palästinensern die israelische Staatsbürgerschaft zu geben. Dann aber wäre es kein demokratischer Staat mehr.

Scheitern aller bisherigen Lösungskonzepte

Im Umgang mit den Palästinensern hat Israel in den vergangenen Jahrzehnten also mehrere Wege ausprobiert. Sie haben sich alle mehr oder weniger als Sackgassen erwiesen. Nachdem die Rechten zunächst erkennen mussten, dass ihre Ideen eines „Großisrael" illusorisch waren, da die besetzten Gebiete zunehmend zur Last für Israel wurden, erlebten dann auch die Linken die Grenzen ihrer Friedenshoffnungen.

Denn die Übereinkunft von Oslo gilt zwar im Westen bis heute als beispielhaft. In Israel aber schaut man mit höchst gemischten Gefühlen darauf zurück. Damals übergab die israelische Regierung erstmals Verantwortung für die allgemeine Sicherheit an die Polizei der palästinensischen Autonomiebehörde. Der Albtraum, den die Gegner des Abkommens an die Wand gemalt hatten, wurde wahr: Die Waffen dieser Polizei richteten sich vor allem in der zweiten Intifada im Herbst 2000 auch gegen Israelis.

Schließlich erwies sich aber auch das – dritte – Konzept der einseitigen Trennung als problematisch, weil nach dem Abzug aus Gaza im Jahr 2005 militante Hamas-Milizen grenznahe Ortschaften wie Sderot erst recht mit immer größeren Raketen beschossen. Der Rückzug aus Gaza gilt vielen in Israel als gescheiterte Aktion, die Iran den Weg zu Israels Grenzen geebnet habe. Iran unterstützt Hamas, und Hamas attackiert Israel, so die Lesart. Daher entschloss sich Israel im Dezember 2008 zum Krieg gegen die Hamas im Gazastreifen, deren Raketen als existenzielle Bedrohung gesehen werden, weil sie letztlich ganz Israel erreichen können. Der seit April 2009 amtierende Premierminister Netanjahu, der zu den Gegnern von Oslo gehörte, hat sich diese Angst im Vorfeld der Parlamentswahlen vom Februar 2009 erfolgreich zunutze gemacht: Jedes Gebiet, das Israel räume, argumentierte er, würde sofort von palästinensischen Extremisten übernommen. Seither glauben die meisten Israelis wohl eher an ein geschicktes Konfliktmanagement als an umfassende Lösungen.

Regionaler Kontext

Denn dass eine Einigung zwischen Israelis und Palästinensern nur funktionieren kann, wenn auch die anderen arabischen Nachbarn mitmachen, ist heute klarer denn je. Zumal die palästinensischen Gebiete mittlerweile ja auch noch in zwei verfeindete Lager zerfallen sind: einmal in das von der gemäßigten Fatah mit Palästinenserpräsident Mahmud Abbas an der Spitze regierte Westjordanland und zum anderen in den von der radikal-islamischen Hamas kontrollierten Gazastreifen. Während ausländische Beobachter beim Nahost-Konflikt meist nur die schwierigen bilateralen Beziehungen zwischen Israelis und Palästinensern vor Augen haben, sehen sich die Israelis immer in einem größeren, regionalen Kontext. Über die komplizierten Machtverhältnisse im Nahen Osten sagte einmal der aus dem Irak stammende israelisch-jüdische Schriftsteller Sami Michael: „Israel ist eine militärische Supermacht. In dieser Hinsicht sind die Palästinenser bloß eine störende Mücke. Die Mücke kann den Elefanten verrückt machen, und der Elefant ist unfähig, sie zu fangen und zu Tode zu erdrücken. Aber gleichzeitig ist Israel, trotz seiner Macht, auch bloß eine Mücke verglichen mit dem pan-arabischen Elefanten, der im Zuschauerraum sitzt und jede Minute des Spektakels genießt. Die weitere arabische Welt ist bereit, die Mücke in der Arena zu opfern, solange sie die Nerven des israelischen Dickhäuters trifft."

Nach dem Abzug der Israelis aus dem Gazastreifen feuerte die Hamas beständig Raketen auf den Süden Israels. Zerstörtes Haus in Sderot 2008.

Ein durch einen Luftangriff zerstörtes Haus in Gaza-Stadt im Januar 2009. Israel begründete die Gaza-Offensive mit seiner existenziellen Bedrohung durch die Hamas.

„Bitachon" – hebräisch für „Sicherheit" – gehört zu jenen Wörtern, die für Israelis eine besondere Bedeutung haben. Jedes Kind ist an die Türsteher vor der Schule, dem Kino und dem Supermarkt gewöhnt, die einen genauen Blick auf die Besucher und in deren Taschen werfen. Steht irgendwo ein verlassenes „Objekt" herum, dauert es nicht lange, bis Passanten die Polizei rufen, die dann vorsichtshalber erst einmal das Gebiet abriegelt, bevor sie feststellen lässt, ob sich in dem verdächtigen Gegenstand Sprengstoff verbirgt.

Seit jeher gehören Gefahren zum Leben in Israel, was die Menschen aber nie daran gehindert hat, am Alltag festzuhalten. „Trotz allem Normalität", heißt die Devise. Nach Anschlägen sieht das Straßenbild wenig später wieder aus wie zuvor; wenn im Norden oder Süden Raketen fallen, funktioniert das Landeszentrum wie gewohnt.

Auch – oder gerade – in Ausnahmezuständen legen die Israelis eine betonte Gelassenheit an den Tag. Das wurde ihnen schon während ihres Militärdienstes beigebracht: In Panik zu verfallen, gilt in der Armee als besonders kontraproduktiv. Man sollte sich durchaus fragen, wie sich Deutsche oder Franzosen verhalten würden, wären sie auf Dauer ähnlichen Bedrohungen ausgesetzt. Ein konkretes Beispiel: In Israel gab es zwischen 2000 und 2004 durchschnittlich an jedem zehnten Tag ein Selbstmordattentat und täglich zehn Anschläge mit Schusswaffen. Solchen Terror zu erleben, ist etwas grundsätzlich anderes, als ihn aus sicherer Entfernung zu kommentieren.

Sperranlage

Im europäischen Visier ist dabei besonders die so genannte Sperranlage, die Israels Regierung zum Schutz vor Selbstmordattentätern aus dem Westjordanland errichten ließ. Die Sperranlage, mit deren Bau im Juli

— Hamas

Die Hamas wurde 1987 durch Scheich Achmed Jassin im Gazastreifen gegründet und entwickelte sich rasch zur einflussreichsten radikalen islamischen Organisation in den besetzten Gebieten. Übersetzt bedeutet Hamas „Glaubenseifer", zugleich ist der Name eine arabische Abkürzung für „Islamische Befreiungsbewegung".

Die Hamas, die von Syrien und dem Iran unterstützt wird, negiert das Existenzrecht Israels, lehnt die Zwei-Staaten-Lösung ab und fordert ein auf islamischen Gesetzen beruhendes Gemeinwesen in Palästina. Ihr militärischer Arm kämpft gegen Israel mit Selbstmordattentaten und Raketenangriffen. Zugleich agiert sie als eine Art Wohlfahrtsorganisation in den besetzten Gebieten.

Die Hamas verstand sich von Anfang an als Alternative zur PLO. Mit dem Abschluss der Osloer Verträge 1993/1995 machte sich die PLO unter Jassir Arafat in den Augen der Hamas zur Verräterin an der palästinensischen und islamischen Sache. Mit zahlreichen Terroranschlägen in Israel versuchte die Hamas durchaus erfolgreich, den Friedensprozess zu untergraben.

2005 wurde die Hamas zu einer Partei. Bei den Wahlen in den Palästinensischen Autonomiegebieten im Januar 2006 errang sie die absolute Mehrheit, bildete aber unter internationalem Druck eine Regierung der Nationalen Einheit mit der Fatah. Im Juni 2007 brachte sie den Gazastreifen gewaltsam unter ihre Kontrolle. Seither sind die Palästinensischen Autonomiegebiete politisch in den von der Hamas beherrschten Gazastreifen und das von der Fatah regierte Westjordanland gespalten.

International ist die Hamas nicht anerkannt, die EU und zahlreiche Staaten wie die USA, Australien und Kanada stufen sie als Terrororganisation ein.

— Hisbollah

Die Hisbollah ist eine militante schiitische Gruppierung im Libanon, die sich dem Kampf gegen den Staat Israel und der Unterstützung der Palästinenser verschworen hat. Der Name bedeutet „Partei Gottes". Die antiwestliche Hisbollah wurde nach dem Einmarsch Israels in den Libanon 1982 auf Betreiben des Irans gegründet mit dem Ziel, die israelische Besatzung zu bekämpfen. Ihr politischer Führer ist Scheich Hassan Nasrallah.

Nach dem Abzug der israelischen Armee aus der Sicherheitszone im Südlibanon im Mai 2000 übernahm die Hisbollah, die von Syrien und dem Iran unterstützt wird, die Kontrolle über das Gebiet, von wo aus sie immer wieder Angriffe auf israelische Ziele unternahm. Erst mit dem Waffenstillstand zwischen Israel und dem Libanon nach dem zweiten Libanonkrieg vom Sommer 2006 kam es nur noch selten zu Attacken.

1985 wurde die Hisbollah zur Partei und ist seit 1992 im libanesischen Parlament vertreten. Seither nimmt sie regelmäßig an Parlamentswahlen teil. Außerdem agiert sie, ähnlich wie die Hamas in den Palästinensischen Gebieten, als eine Art Wohlfahrtsorganisation.

Der Umgang mit der Hisbollah ist international umstritten. Die USA, Kanada und Israel stufen sie als Terrororganisation ein. Die EU hingegen führt die Hisbollah nicht in ihrer Liste der Terrororganisationen.

2003 begonnen wurde, ist zum Großteil ein Zaun, manchmal aber auch ein Betonmonster, das an manchen Stellen tief durch palästinensisches Gebiet schneidet.

Umstritten ist vor allem der Verlauf – eben nicht entlang der Grünen Linie, die Israel vom Westjordanland trennt, sondern in schlängelnder Form um so manche israelische Siedlung herum. Der Internationale Gerichtshof in Den Haag sieht darin einen Verstoß gegen internationales Recht.

Die Initiatoren kamen allerdings aus dem linken politischen Spektrum. Denn nur wenn der Terror aufhöre, so ihr Argument während der zweiten Intifada im Herbst 2000, hätten Leute wie sie überhaupt wieder eine Chance, bei der Bevölkerung Unterstützung für erneute Friedensgespräche zu bekommen. Die rechten Parteien hingegen stemmten sich anfangs gegen das Projekt, weil sie darin – trotz aller Beteuerungen, es handle sich nicht um eine politische Grenze – die Preisgabe des Gebiets jenseits des Zauns und damit auch der dortigen jüdischen Siedlungen sahen.

Doch der Druck der Bevölkerung wuchs, und so blieb der rechten Regierung unter Premierminister Ariel Scharon nichts anderes übrig, als sich auf diese Weise von den Palästinensern zu trennen. An mehreren Stellen wurde mittlerweile der Verlauf des Zauns, der etwa zwölf Prozent des Westjordanlands vom palästinensischen Territorium abtrennt und viele Dörfer von ihren Feldern abschneidet, nach Entscheidungen des israelischen Obersten Gerichtshofs, der auch von den Palästinensern in den besetzten Gebieten angerufen werden kann, korrigiert. In manchen Zeitungskarikaturen tauchte die 750 Kilometer lange Sperranlage deshalb auch schon als ein mobiles Gebilde auf Rädern auf.

Im Sicherheitsestablishment aber ist man sich sicher: Der Zaun hat sich als wirksames Mittel gegen Terror erwiesen. Ein in der Bevölkerung oft zitierter Spruch lautet: Ein Zaun oder eine Mauer lasse sich wieder abreißen, von Bomben zerfetzte Menschen hingegen nicht wieder zum Leben erwecken. Und moderate Politiker wie die Kadima-Chefin Zipi Livni wiederum argumentieren, dass sich die palästinensische Seite ja im Falle eines künftigen Palästinenserstaates ohnehin an die Vorstellung einer klaren Trennung zwischen beiden Ländern werde gewöhnen müssen.

Solche Dilemmata zwischen universalen humanitären Ansprüchen und nationalem Sicherheitsdenken stellen sich für Israel häufig. Über sie wird auch oft in den Medien kritisch debattiert, besonders wenn Beobachter den Eindruck haben, dass militärische Reflexe bei den Abwägungen die Oberhand gewonnen haben; wenn also im Namen von Sicherheit zu leichtfertig mit Menschenrechten umgegangen wird.

Gezielte Tötungen

Ein Diskussionspunkt sind etwa die international umstrittenen so genannten gezielten Tötungen von Funktionären militanter Organisationen in den besetzten Gebieten – hat Israel das Recht, auf diese Weise einfach Selbstjustiz zu üben? Diese Frage wäre leichter zu verneinen, wenn es die Möglichkeit gäbe, solchen terroristischen Drahtziehern auf legale Weise den Prozess zu machen. Ein Auslieferungsantrag wird da allerdings kaum Erfolg haben. Auch besteht keine Hoffnung, dass der Täter vor ein palästinensisches Gericht gestellt wird.

Was aber ist Israel seinen – ermordeten und lebenden – Bürgerinnen und Bürgern in dieser Hinsicht schuldig? In den asymmetrischen Kriegen gegen die Hisbollah-Miliz und die islamistische Hamas setzt Israel auf Abschreckung: Für einen Angriff auf sein Territorium muss die andere Seite einen hohen Preis bezahlen. Doch diese Logik geht nicht immer auf. Schließlich setzen die radikalen Milizen ja gerade darauf, dass Bilder von palästinensischen Opfern die Weltöffentlichkeit gegen Israel aufbringen. Jede israelische Regierung weiß, dass sie von ihrer Bevölkerung und dem Rest der Welt für die von ihr verantworteten Toten zur Rechenschaft gezogen werden wird – für unschuldige Palästinenser, die im Kreuzfeuer umkommen, ebenso wie für israelische Soldaten, die auf einer solchen Mission ihr Leben lassen müssen.

Quelle: Yossi Zamir/Flash90

Im Juni 2002 starben bei diesem Selbstmordattentat in Jerusalem 18 Menschen, unter ihnen Jugendliche auf dem Weg zur Schule. Zum Schutz vor solchen Anschlägen errichteten die Israelis die Sperranlage ,...

Quelle: picture-alliance/dpa

... die international umstritten ist und an dieser Stelle nahe Jerusalem das palästinensische Flüchtlingslager Schuafat von dem benachbarten jüdischen Pisgat Seev trennt.

Da ist die Statistik, auf die die Menschen in Sderot gerne verweisen: Das Autofahren sei doch viel gefährlicher. Mehr als 5.000 Raketen auf Sderot und seine Umgebung und nur zehn Tote in knapp sieben Jahren, das sei doch gar nicht so viel.

Und da sind die 15 Sekunden: die Zeit, die etwa bleibt, um den nächsten sicheren Ort zu finden, wenn aus den Lautsprechern „Zeva Adom" dröhnt, die auf Band aufgenommene Stimme einer israelischen Soldatin. Eine Stimme, die jedes Kind in Sderot fürchtet, die Erwachsene in Panik versetzen kann. Denn „Zeva Adom" bedeutet wörtlich „Farbe Rot" und warnt vor Kassem-Raketen, die aus dem etwa zwei Kilometer entfernten Gazastreifen abgefeuert werden. [...]

Wenn der Alarm schrillt, zählt nicht mehr, dass die aus Schrott zusammengebastelten Raketen nicht zielgenau sind, dass sie vielleicht gar nicht die Stadt treffen, dass sie nicht immer explodieren. Den wahren Schaden richten sie in den Köpfen der Menschen an. Die ständigen Attacken, die wenige Monate nach Ausbruch der zweiten Intifada im Jahr 2000 begannen, haben Sderot in einen Ort voller traumatisierter Menschen verwandelt.

„15 Sekunden können sehr lang sein", erzählt Ruthie Eitan, Geschichtsdozentin am „Sapir College", das nur wenige Kilometer von Sderot entfernt liegt. Lang und kurz zugleich. Zu kurz, um mit siebzig Studenten geordnet in den nächsten raketensicheren Unterstand zu flüchten. Und lang, wenn man nichts machen kann. „Das ist echter Terror, man sieht die Raketen nicht, man weiß nicht, wo sie landen werden, man kann nur die Zeit runterzählen und hoffen, dass es woanders kracht."
[...]

Dabei wirkt auf den ersten Blick alles so entspannt und idyllisch: Studenten halten in der Sonne ein Mittagsschläfchen, andere bereiten sich im Schatten der Palmen auf den Unterricht vor. Eine Band spielt auf dem Campus israelische Liebeslieder. Eine ganz normale Uni – wären da nicht die grauen Schutzbunker aus Beton, sogar neben jeder Bushaltestelle. Und schwebte da nicht ein kleiner, weißer Zeppelin über dem Gazastreifen, dessen Sensoren den Abschuss von Raketen registrieren.

So kommt es zu schier endlosen Diskussionen wegen jeder Veranstaltung, sei es nur ein harmloses Konzert: Könnte die Musik zu laut sein und den Alarm übertönen? „Eine Oase" nennt Eitan den grünen Campus mitten in der Negev-Wüste, „aber leider kann es hier jede Minute knallen". Wie im Juni, als die Universitätsleitung nach langer Debatte doch noch eine offizielle Abschiedsfeier für den aktuellen Studentenjahrgang genehmigte. Die Bühne war schon aufgebaut, als am Vorabend der Veranstaltung eine Rakete darin einschlug.

Amir Netanel wollte nicht in Sderot studieren; er ist hier aufgewachsen, im Haus der Großeltern sind schon zwei Raketen eingeschlagen, in der ganzen Stadt gibt es keine Cafés oder Bars. An ein normales Studentenleben ist nicht zu denken, wichtigster Treffpunkt am Wochenende ist der Getränkeshop an einer gelben Tankstelle, die mit ein paar festgeschraubten Drehstühlen und Holztischen einen Hauch von Kneipenambiente verströmt.

Doch Amir wird in Sderot, der Stadt, die er manchmal hasst, auch die nächsten Jahre bleiben müssen. Denn an anderen Unis in Israel hat er die Aufnahmeprüfung nicht bestanden, jetzt studiert er Wirtschaft am Sapir College. „Danach bin ich aber definitiv weg", sagt er entschlossen schon nach seiner dritten Semesterwoche. „Ich kenne kaum einen, der hierbleiben möchte. Hier gibt es keine gutbezahlten Jobs, hier gibt es nur Raketen." [...]

Christoph Gunkel, „Alarmstufe rot", in: Frankfurter Allgemeine Sonntagszeitung vom 18. November 2007.

Zwei Dimensionen des Terrors

Die Grundfragen lauten: Darf bei solchen Operationen der Tod von unschuldigen Zivilisten mit in Kauf genommen werden? Oder müsste eine solche Militäroperation so gezielt angelegt sein, dass dieses Risiko gleich null geht, auch wenn dadurch die eigenen Soldaten stärker gefährdet werden?

Kann – oder muss nicht sogar? – das in Israel geltende grundsätzliche Folterverbot aufgehoben werden, wenn eine so genannte tickende Bombe von einem geplanten Anschlag weiß und dieser durch die Preisgabe dieses Wissens im letzten Moment verhindert werden könnte?

Oder in Bezug auf den Armeedienst im Westjordanland: Wie viel Geduld muss ein 18-jähriger Soldat am Checkpoint aufbringen, wenn sich ihm eine verdächtige Person nähert? Greift er zu früh zur Waffe, könnte er einen Unschuldigen treffen, greift er zu spät nach ihr, besteht die Gefahr, dass er sein eigenes Leben verliert.

Die meisten Israelis wissen, dass der Terror zwei Dimensionen hat. Da ist einmal der israelisch-palästinensische Konflikt, der mit einem Abkommen zumindest offiziell ein Ende finden könnte. Zum anderen aber gibt es fundamentalistische Bedrohungen, die sich ganz generell gegen den Westen richten, als dessen Vorfront Israel immer schon gegolten hat. Beides lässt sich nicht immer so leicht unterscheiden.

Solange aber Israel als Besatzungsmacht definiert bleibt, wird dies seinen noch so legitimen Kampf gegen Terror immer überschatten. Vor allem in Europa herrscht heute die Meinung vor, dass militärische Gewalt nicht der Weg sei, um Konflikte zu lösen, und dass es eine direkte Verbindung zwischen Besatzung und Gewalt gebe.

— Die Streitkräfte – nationaler Mythos mit Imageproblemen

Den grundsätzlichen Unterschied zwischen der Außen- und der Innensicht auf die Armee macht eine Frage deutlich, die Touristen den Israelis immer wieder gerne stellen: Ob ihnen denn die Anwesenheit von bewaffneten Soldaten im Alltag keine Angst mache? Im Gegenteil, lautet dann die Antwort: „Wir fühlen uns beschützt." Außerdem sind die Uniformierten ja ihre Kinder, Ehemänner, Verwandte, Freunde.

Der Militärdienst gehört zum Alltagsleben in Israel. Nirgendwo sind Zivilgesellschaft und Armee so eng miteinander verknüpft wie hier. Der fliegende Wechsel zwischen dem Berufsalltag – etwa als Jurist in einer Rechtsanwaltskanzlei oder als Arzt in einem Krankenhaus – und dem Einsatz als Reservesoldat ist ganz normal.

Die vielen Kriege, der Kampf gegen den Terror und die jahrzehntelange Besatzung der palästinensischen Gebiete haben in der Gesellschaft Spuren hinterlassen und tragen dazu bei, dass die Israelis viel militärischer denken und fühlen, als es die Bürgerinnen und Bürger anderer westlicher Staaten tun, mit denen sie vom Lebensstil her ansonsten durchaus vergleichbar sind.

Zahal – zu Deutsch: Verteidigungsarmee Israels – ist eine Volksarmee. Die Mehrheit der jüdischen Israelis leistet ihren Pflichtwehrdienst ab, der für Männer im Alter von 18 bis 29 Jahren drei Jahre lang dauert, für unverheiratete Frauen zwischen 18 und 26 Jahren 21 Monate.

Männliche Reservisten werden – je nach Dienstgrad – mehrere Wochen im Jahr und bis zum Alter von 42 Jahren eingezogen, Offiziere bis 51 Jahre. Der Reservedienst betrifft auch unverheiratete bzw. kinderlose Frauen bis zum 24. Lebensjahr. Ab 2010 gelten für den Reservedienst neue Regeln: Dann können Soldaten bis 40 Jahre und Offiziere bis 45 Jahre alle drei Jahre bis zu 54 Tage einberufen werden.

— Die Armee in Daten und Zahlen

Die israelische Verteidigungsarmee Zahal (hebräisch; Abkürzung für:
Zva Haganah le-Jisrael) wurde am 31. Mai 1948 gegründet. Sie gliedert sich
in Heer, Luftwaffe und Marine. Diese sind einem vereinigten Oberkommando
unterstellt, dem Generalstab. An seiner Spitze steht der Generalstabschef,
der dem Verteidigungsminister verantwortlich ist. Während im Heer sowohl
Berufssoldaten als auch Wehrpflichtige dienen, bestehen Luftwaffe und
Marine nur aus Berufssoldaten.

Die Truppenstärke der Armee wird von der israelischen Regierung geheim
gehalten. Das International Institute for Strategic Studies (IISS) in London
schätzt, dass die Zahl der aktiven Soldaten bei etwa 176.000 liegt. Davon
dienten 133.000 beim Heer, 34.000 bei der Luftwaffe und 9.500 bei der
Marine. Im Kriegsfall kann zudem innerhalb von 24 Stunden knapp eine
halbe Million Reservisten mobilisiert werden. Damit hat Israel weltweit
den höchsten Anteil von Soldatinnen und Soldaten an der Bevölkerung.

Die allgemeine Wehrpflicht dauert für Männer 36, für Frauen 21 Monate.
Wer wehrpflichtig und -tauglich ist, wird in der Regel mit 18 Jahren
eingezogen.

Seit der Staatgründung 1948 bis zum Jahr 2004 haben rund 22.000 Israelis
im Dienst der Armee ihr Leben verloren, fast 80.000 sind kriegsversehrt.

Der Verteidigungshaushalt ist traditionell hoch. Mit 17 Prozent (2007)
bildet er den größten Einzelposten im Staatshaushalt. Laut „CIA The
World Factbook" betrug der Anteil des Wehretats am Bruttoinlandsprodukt
im Jahr 2006 7,3 Prozent. Im Jahr 2007 beliefen sich die Militärausgaben
auf insgesamt 12,2 Milliarden US-Dollar.

Als offenes Geheimnis gilt, dass Israel über Atomwaffen verfügt. Je nach
Quelle sollen sich zwischen 100 und 300 Atomsprengköpfe in israelischem
Besitz befinden.

Nicole Alexander

Die Armeezeit gilt als Teil der persönlichen Entwicklung und des Alltags, die in der Regel auch niemand missen will. Wer aus Gewissensgründen verweigert, muss ins Gefängnis. Alternativen sind nicht vorgesehen. Dennoch ist es heute viel leichter als früher, um den Wehrdienst herumzukommen – nur knapp 78 Prozent der jungen jüdischen Männer werden heute tatsächlich eingezogen.

Die anderen sind aus religiösen (ultraorthodoxe Männer im wehrpflichtigen Alter, die an Talmudschulen studieren, sind von der Militärpflicht entbunden), physischen oder psychischen Gründen befreit. Die hoch technologisierte Armee, die heute auf immer weniger, dafür aber auf umso besser ausgebildete Leute angewiesen ist, kann damit leben – solange sich der Trend nicht verstärkt.

Quelle: picture-alliance/dpa

Die Israelis sind an die Präsenz von bewaffneten Soldaten im Alltag gewöhnt: Sicherheitspatrouille des Grenzschutzes am Strand von Tel Aviv im August 2002.

Israelische Soldaten bei der Festnahme von Palästinensern in Hebron im Januar 2008, nachdem zuvor Schüsse auf die jüdische Siedlung im Stadtzentrum gefallen waren.

Trotzdem bleibt denen, die nicht gedient haben, eine Lücke im Lebenslauf, die manche später bereuen. Das Stigma ist zwar nicht mehr so stark wie einst, aber die Armeezeit kann bei der Jobsuche immer noch entscheidend sein. Denn der Wehrdienst gilt nicht nur als unerlässliche Pflichterfüllung in einem Staat, dessen Bedrohung außer Frage steht.

Er ist zugleich auch Teil der Sozialisierung in einem Einwanderungsland. In den israelischen Streitkräften treffen nicht nur die verschiedensten Gesellschaftsschichten aufeinander – europäische und orientalische Juden, Sabres und Einwanderer, arme und reiche Israelis. Hier lernen auch Neuankömmlinge Hebräisch, holen Schulabschlüsse nach oder machen eine Ausbildung.

Zudem öffnet die Armeezeit Türen zu Karrieren. So werden hier Netzwerke geknüpft, die oft ein Leben lang halten und später im Beruf hilfreich sein können. Und vielen hochrangigen Berufsoffizieren wiederum diente ihre Position in der Armee als Sprungbrett in die große Politik.

Zwar war im Zuge des Friedensprozesses in den 1990er Jahren die Forderung erhoben worden, dass mehr Politiker über einen zivilen Hintergrund verfügen sollten. Das änderte sich allerdings wieder nach dem zweiten Libanonkrieg von 2006, dessen Missmanagement auf den fehlenden militärischen Background der damals amtierenden Regierung unter Ministerpräsident Ehud Olmert (Kadima) zurückgeführt wurde. Nur militärisch erfahrene Politiker, so die verbreitete Meinung seither, seien in der Lage, in Krisensituationen Unabhängigkeit gegenüber dem militärischen Establishment zu bewahren.

Risse in der glänzenden Fassade

Nachdem deutsche Offiziersanwärter bei einem Israel-Aufenthalt zwei Wochen mit Bodentruppen-Einheiten verbracht hatten, waren sie beeindruckt von der „hohen Motivation" der Wehrpflichtigen. Außerdem fiel ihnen auf, dass viele Soldaten häufig per Handy mit ihren Müttern telefonierten.

In diesem Zusammenhang ist es nicht uninteressant, daran zu erinnern, dass Israel das einzige Land ist, dessen Armee sich aufgrund von Protesten von Soldatenmüttern aus einem besetzten Gebiet zurückgezogen hat: 1997 schloss sich eine kleine Gruppe von Frauen zur Initiative der „Vier Mütter" zusammen, die aus Sorge um das Leben ihrer wehrpflichtigen Söhne den Rückzug aus der nach dem Libanonfeldzug von 1982 eingerichteten „Sicherheitszone" im Südlibanon forderte. Rasch wuchs die Initiative zu einer landesweiten Bewegung an und trug zu einem Umschwung der öffentlichen Meinung bei, so dass sich die Regierung entschloss, die Sicherheitszone im Mai 2000 zu räumen.

Immer wieder kommt es in Israel zu Fällen von Wehrdienstverweigerung. Für Männer ist es außerordentlich schwer, ethische Gründe für ihre Verweigerung geltend zu machen. Sie durchlaufen mehrere Anhörungen und müssen schließlich vor einem 1995 vom Verteidigungsministerium eingerichteten „Gewissenskomitee" ihre Beweggründe darlegen. In den meisten Fällen wird dem Antrag auf Wehrdienstverweigerung nicht entsprochen und eine zwei- bis dreijährige Haftstrafe verhängt.

Frauen haben es leichter, aus Gewissens- oder aus religiösen Gründen den Wehrdienst zu verweigern, da ihnen rechtlich die Möglichkeit offen steht, stattdessen eine Art von zivilem Ersatzdienst zu leisten.

Israelis, die vom Wehrdienst ausgenommen sind, haben seit Frühjahr 2008 die Möglichkeit, einen freiwilligen Zivildienst zu leisten. Dazu zählen vor allem die ultraorthodoxen und die arabischen Israelis. Koordiniert wird der Zivildienst von einer eigens dafür eingerichteten staatlichen Zivildienstbehörde. Ziel des Angebots ist es, diese Minderheiten stärker in die israelische Gesellschaft einzubinden.

Diejenigen, die sich für den Zivildienst entscheiden, arbeiten ein oder zwei Jahre in einer sozialen Einrichtung. Einige wenige leisten ihren Dienst auch in jüdischen Gemeinden im Ausland ab. Alle Zivildienstleistenden bekommen Unterhalts- und Wohngeld sowie ein Stipendium in Höhe von umgerechnet 1250 Euro pro Dienstjahr. Nach Ende ihrer Dienstzeit werden ihnen zudem finanzielle Erleichterungen bei Studium, Weiterbildung und Wohnungskauf gewährt.

Unter den arabischen Israelis ist der Zivildienst umstritten. Die meisten arabischen Politiker lehnen ihn ab, da sie darin den ersten Schritt zum Armeedienst sehen und einen Dienst für einen Staat, der sich explizit als jüdisch definiert, ablehnen. Andere sprechen sich für den Zivildienst aus, weil er eine Möglichkeit zu mehr Gleichberechtigung sei.

Nicole Alexander

Spätestens seit damals muss sich auch die Armee, die einst als Mythos verehrt wurde, kritische Fragen gefallen lassen. „Die Medien von heute lassen nicht mehr zu, dass der Preis eines Krieges vor der Öffentlichkeit versteckt werden kann", sagt der Soziologe Jaron Esrachi. „Das macht jeden einzelnen Gegner eines offenbar unnötigen Krieges viel effektiver."

Schon Jahre zuvor aber hatte die glänzende Fassade Risse bekommen, weil sich immer mehr Rekruten und Reservisten einfach nicht mit ihrer Rolle als Besatzungssoldaten in den seit 1967 von Israel kontrollierten palästinensischen Gebieten identifizieren konnten.

Solche Stimmen werden gehört, vor allem wenn sie wie im Fall des berühmten „Pilotenprotestbriefs" vom September 2003, in dem 27 Reservisten der Luftwaffe die „zivilen Kollateralschäden" bei Vergeltungsschlägen gegen Funktionäre militanter Organisationen wie der Hamas anprangerten, von prestigeträchtigen Armeeteilen stammen.

Neue Herausforderungen

Dass die Armee heute ganz neuen Herausforderungen – in asymmetrischen Kriegen gegen gut gerüstete Milizen – gegenüber steht, haben die Machtübernahme durch die Hamas im Gazastreifen im Juni 2007 und der Libanonkrieg vom Sommer 2006 gezeigt, in dessen Verlauf die Hisbollah den Raketenbeschuss mehrerer Städte im Norden Israels fortsetzte.

Nach der harschen Kritik am Missmanagement des Letzteren aber waren die verantwortlichen Militärs viel rücktritts- und reformwilliger als etwa die politischen Instanzen, die ebenfalls in Verruf geraten waren. Es ging darum, sich so schnell und effektiv wie möglich zu rehabilitieren. Denn ohne das Vertrauen der Bürgerinnen und Bürger kann die Armee nicht funktionieren.

Beim israelischen Militär dienen auch israelische Drusen und – auf freiwilliger Basis – Beduinen. Vom Wehrdienst ausgenommen sind die rund 1,45 Millionen arabischen Israelis. Zwar könnten sie freiwillig dienen, was sie vereinzelt auch tun. Allerdings stellt dies in doppelter Hinsicht ein Problem dar. Zum einen betrachtet sie die Armee als Sicherheitsrisiko, zum anderen gelten sie in der arabischen Gesellschaft Israels als Verräter.

Wer jedoch nicht gedient hat, muss damit rechnen, nicht überall einen Job zu bekommen – oder seine Arbeit sogar zu verlieren. So entließ die israelische Eisenbahnbehörde im April 2009 vierzig arabische Arbeiter, weil nach einer neuen Regelung nur noch Israelis, die Armeedienst geleistet haben, als Schienenwärter arbeiten sollen. Dieser Beschluss, der auch Wehrdienstverweigerer und Späteinwanderer betroffen hätte, wurde allerdings vor Gericht für unzulässig erklärt und die Entlassung daraufhin zurückgenommen.

[...] *Seit vier Jahrzehnten müssen junge Israelis in Uniform nicht nur ihren Staat vor Terroristen schützen, sondern leisten auch ihren Beitrag zur Besatzung der palästinensischen Zivilbevölkerung. Offiziell müssen sie dabei der Doktrin der Streitkräfte folgen. Dort steht: „Angehörige der Zahal benutzen ihre Waffen nur im Sinne ihres Auftrages und nur im notwendigen Maß. Sie behalten ihre Menschlichkeit selbst im Kampf. [...]"*

Hehre Ideale – doch zweifeln heute viele, ob die Armee diesem Anspruch noch gerecht werden kann. Wenn aber eine Armee ihren moralischen Kompass verliere, sei es nur eine Frage der Zeit, bis auch die Gesellschaft verrohe, fürchtet Jael Pas-Melamed, eine linksliberale Kolumnistin der Tageszeitung „Maariv". „In dieser Checkpoint-Kultur sind die Soldaten allmächtig. Das Westjordanland ist eine Umgebung, in der es für jede etwas komplizierte Situation menschlichen Zusammenlebens eine gewaltsame Lösung gibt." Den Arabern könne man ja mal zeigen, was ein richtiger Mann sei. Nach ihrer Entlassung aus der Armee würden diese ehemaligen Soldaten es dann ebenjenen Mitbürgern zeigen, die den gleichen Parkplatz wollten oder es auf den bequemeren Liegestuhl am Strand abgesehen hätten.

„So ist das in einem Besatzungsregime: Es macht aus guten Menschen erheblich weniger gute", schrieb Pas-Melamed in einem ihrer Artikel. Es werde Zeit, dass die Armee sich dieser Probleme annehme, sonst müsse die israelische Gesellschaft sich bald vor sich selbst fürchten, prophezeite sie düster.

Für den Schriftsteller Etgar Keret und seine Frau Schira Geffen hat der Krieg im Gazastreifen der israelischen Gesellschaft diese Gefahr wieder einmal vor Augen geführt – nur leider wolle niemand sie wahrnehmen. [...] Noch vor wenigen Jahren habe jeder Angriff, bei dem auch unschuldige Passanten ums Leben kamen, für eine Debatte in Israel gesorgt.

In diesem Krieg nun würden Hunderte Zivilisten bei Angriffen der Luftwaffe getötet, und es gebe nicht den Funken eines Zweifels. „Es scheint, als ob sich die Grenzen der gesellschaftlichen Akzeptanz schrittweise verlagert hätten, sodass wir heute Dinge leichter hinnehmen, die noch vor ein paar Jahren nicht toleriert worden wären." Sie fürchten, die israelische Gesellschaft sei einfach „frustrierter und abgehärteter" geworden.

Das ist empirisch schwer nachzuweisen. Niemand könne wirklich wissen, welche Auswirkungen der Militärdienst und die Besatzungspolitik auf die Gesellschaft wirklich hätten, sagt die Psychologin Nufar Jischai-Karin. Denn ist der lebensgefährliche Fahrstil der Israelis auf die Besatzung zurückzuführen? In Rom und Mexiko-Stadt werde nämlich auch nicht besser Auto gefahren – ohne Besatzung. Es spielten dabei einfach zu viele Faktoren eine Rolle. Dennoch: „Dass viele ehemalige Soldaten unter ihren Erlebnissen leiden – seien es Kriegserinnerungen oder der Dienst in den besetzten Gebieten –, das ist Fakt. Auch die Beteiligten in meinem Bericht klagten über Schlaflosigkeit, Albträume, Angstzustände und Schuldgefühle."

Mit ihrer Abschlussarbeit in klinischer Psychologie hat die zurückhaltende junge Frau viel Staub aufgewirbelt. Im Rahmen ihres Militärdienstes wurde sie 1990 im damals noch besetzten Gazastreifen als Beraterin eingesetzt, die Soldaten bei ihren Problemen helfen sollte. Schon damals habe sie gesehen, wie willkürliche Gewalt Teil des Alltags der Soldaten wurde, erzählt sie. [...] Für ihre Studie führte sie lange Gespräche mit 21 Soldaten, die sie aus ihrer Militärzeit kannte. [...]

Was sie ihr erzählten, war furchtbar: „Das Wichtigste ist, wie die Last des Gesetzes von dir abfällt", zitiert sie einen Soldaten. „Du hast das Gefühl, du seist das Gesetz. Du bist das Gesetz. Du entscheidest. Du bist Gott." [...] Jischai-Karin kam in ihrem Bericht zu einem schrecklichen Schluss: „An einem bestimmten Punkt ihres Militärdienstes hat die Mehrheit der Befragten es genossen, anderen Gewalt zuzufügen."

Die Gründe dafür folgten durchaus normalen psychologischen Verhaltensmustern: „Gewalttätiges Verhalten war eine Möglichkeit, aus der Routine auszubrechen. Außerdem hatte die Armee die Truppen einfach sich selbst überlassen, sie waren viel zu lange ohne Training im Einsatz. Die Situation ermöglichte, ja provozierte solches Verhalten."
An dem Verhalten der Soldaten sei deshalb an sich nichts Überraschendes. „Sie haben weder von vornherein ein höheres Gewaltpotenzial als andere Menschen, noch sind sie psychologisch resistenter gegen diese traumatischen Ereignisse, selbst wenn sie Täter sind."

Solche Erkenntnisse schrecken die israelische Gesellschaft nicht zuletzt deshalb auf, weil die Zahal eine wahre Volksarmee ist. [...] Auch die Eltern von Jonathan W. wissen nichts von dem, was er in seiner Armeezeit getan und gesehen hat. Sie wissen auch nicht, dass er sich irgendwann [...] an die Organisation Schowrim Schtika (Das Schweigen brechen) gewendet hat, um das Erlebte zu Protokoll zu geben. Mehr als 500 Zeugnisse von Soldaten hat Schowrim Schtika mittlerweile gesammelt. Es sind fürchterliche Geschichten darunter.

„Immerhin war ich nicht gewalttätig", versichert Jonathan [...] Doch nicht aus dem Sinn gehen ihm die Augen eines kleinen Mädchens, das eines Tages mit seiner Puppe den Checkpoint durchqueren wollte: „Ich kann nicht erklären, was mit mir passierte. Ich musste die Puppe natürlich auf Sprengstoff kontrollieren, das ist notwendig. Aber die Puppe war aus Stoff und ganz weich, und es war deutlich, dass da nichts drin war, und da habe ich trotzdem ein Messer genommen und ihr den Kopf abgeschnitten."

Er schweigt. „Ich war 19 oder so und war von mir selbst schockiert. Seitdem weiß ich, dass hier nichts so eindeutig ist, wie man denkt. Ich bin ein Zweifler." Zweifler aber seien in Kriegszeiten nicht sehr gefragt. [...]

Michael Borgstede, „Der Preis des Krieges", in: Die Welt vom 13. Januar 2009.

Frauen dienten schon vor der Staatsgründung 1948 wie selbstverständlich in verschiedenen Vorläuferorganisationen der Armee, was als Zeichen von Gleichberechtigung galt. Auch heute noch werden alle 18-jährigen säkularen jüdischen Frauen zum Pflichtdienst eingezogen. (Religiöse Israelinnen können sich freistellen lassen und einen einjährigen freiwilligen Dienst etwa in einer Sozialeinrichtung ableisten.) Doch nach einer dreimonatigen Grundausbildung warten dann auf viele von ihnen Sekretärinnenjobs. Soll heißen: in Uniform tippen und Kaffee kochen. Wenigstens war das bis vor wenigen Jahren noch so.

Seit 1995 dürfen Frauen – freiwillig – in einigen Kampfeinheiten Dienst tun. Am 3. Januar 2000 verabschiedete die Knesset ein Gesetz, das besagt, dass Frauen in jeder militärischen Position ihren Armeedienst ableisten dürfen, allerdings nur, wenn das „Wesen der militärischen Aufgabe" dadurch nicht unmöglich gemacht werde. So erlaubt der Grenzschutz mittlerweile Frauen in seinen Kampfeinheiten, die Infanterie aber weiterhin nicht. Auf gerichtlichem Wege hatten sich Frauen 1994 auch den Zugang zur Ausbildung als Kampfjet-Pilotinnen erstritten. Auch in der Rekrutenausbildung sind sie tätig. Waren noch 2005 nicht mehr als 60 Prozent der Armeeposten für Frauen offen, galt das im Jahr 2008 für 80 Prozent.

Dass mangelnde militärische Expertise für Frauen in der hohen Politik ein Manko darstellt, weiß wohl niemand besser als Ex-Außenministerin Zipi Livni. Während des Libanonkrieges 2006 konnte sie sich weder im Kabinett noch gegenüber der Militärführung – beides Männerbastionen – durchsetzen. Bei Beratungen wurde sie einfach übergangen.

So war es kein Zufall, dass die Öffentlichkeit bei ihrem ersten (gescheiterten) Versuch im Jahr 2008, Ministerpräsidentin zu werden, plötzlich Genaueres über Livnis vierjährige Tätigkeit beim legendären Geheimdienst Mossad

Quelle: Matan Hakim/IDF Spokesperson/Flash90

Alle 18-jährigen säkularen ledigen jüdischen Frauen werden zum Armeedienst einberufen. Wehrübung in der Negev-Wüste im November 2008.

erfuhr. Als Agentin, so wurde berichtet, habe sie sich von Paris aus aktiv an der Jagd auf palästinensische Terroristen beteiligt. Diese biografischen Enthüllungen dienten nicht nur dazu, Livni „Killerinstinkt" zu bescheinigen. Sie sollten ihr auch dabei helfen, sich später in dem angestrebten Amt gegen ihre männlichen Kabinettskollegen durchzusetzen – und ihnen gegebenenfalls auch Einhalt zu gebieten.

— Israel und Deutschland – schwieriges Verhältnis auf Entspannungskurs

In den israelischen Altersheimen ist der Holocaust alles andere als ein Kapitel in den Geschichtsbüchern. Da ist etwa Chanja S. aus Polen, die nach der Befreiung aus dem Konzentrationslager Auschwitz ins Land kam. Sie feierte vor kurzem ihren 90. Geburtstag in Ramat Gan bei Tel Aviv. Als ihre wenigen Verwandten sie besuchten, freute sie sich besonders über die kleinen Gäste. Denn sie selbst konnte keine Kinder bekommen. Daran ist der KZ-Arzt und NS-Kriegsverbrecher Josef Mengele schuld, der an ihrem Körper und dem ihres Zwillingsbruders grausam experimentiert hat.

Kein Geld der Welt vermag solche Verbrechen wieder gutzumachen – es kann allenfalls die problematischen Lebensumstände lindern. Darauf zielte das damals in beiden Ländern umstrittene „Wiedergutmachungsabkommen" ab, das der deutsche Bundeskanzler Konrad Adenauer und der israelische Außenminister Mosche Scharett im September 1952 in Luxemburg unterzeichneten. Es bildete zugleich den Grundstein dafür, dass sich mit den Jahren – über die Gräben des Holocaust hinweg – erstaunlich gute und stabile bilaterale Beziehungen entwickeln konnten. So gilt Deutschland in Israel heute sogar als zweitwichtigster Verbündeter – gleich nach den USA.

Das bedeutet aber nicht, dass die Beziehungen „normal" seien. Vielmehr hat sich das schwierige Verhältnis mittlerweile entspannt. Wie sehr sogar, mag eine Fernsehwerbung der israelischen Fluggesellschaft El Al von Juni 2008 illustrieren. Zu sehen war ein offensichtlich schwuler Israeli, der im Bademantel und mit Schoßhund auf dem Sofa sitzt und über die Bedrohung durch die Hisbollah im Norden und die Hamas im Süden klagt. „Da habe ich doch einfach Lust, nach Berlin zu fliegen", sagt er.

Die deutsche Fluggesellschaft Lufthansa, die bei den Israelis mittlerweile sehr beliebt ist, hätte sich das sicherlich nicht getraut. Und auch viele

Quelle: Süddeutsche Zeitung Photo / SZ Photo

Grundstein für die deutsch-israelischen Beziehungen: die Unterzeichnung des „Wieder-
gutmachungsabkommens" am 10. September 1952 in Luxemburg.

Quelle: ConAct

Musik- und Filmprojekt von Jugendlichen aus Deutschland und Israel, organisiert von
interkult unterwegs e.V., Bildungsteam Berlin-Brandenburg e.V. und der Ironi Alef
High School, Tel Aviv.

Deutsche, die zunächst eine gewisse Scheu hatten, nach Israel zu reisen, sind immer wieder erstaunt, wie freundlich und offen ihnen auch – oder gerade – ältere Israelis begegnen.

Diese kämen sicher nicht auf die Idee, ihnen persönlich irgendwelche Schuld anzulasten – sofern sie nicht schon so alt sind, dass sie die Nazizeit bewusst miterlebt haben, aber solche Besucher sind ja heutzutage selten. Auch Chanja S. spricht bis heute gerne Deutsch, das sie als Tochter aus polnisch-jüdischem Hause, in dem die deutsche Sprache und Kultur traditionell gepflegt wurden, natürlich gut kann.

Außenstehende mag es überraschen, wie selbstverständlich der Umgang miteinander geworden ist. Zumindest an der Oberfläche. Wer am 3. Oktober, dem Tag der Deutschen Einheit, zum Empfang in die Residenz des deutschen Botschafters in Herzlija kommt, findet kaum Platz in dem überfüllten Garten. Was bei solchen Anlässen allerdings auffällt, ist das hohe Durchschnittsalter der Besucher.

Noch leben viele der alten Jeckes, jener Juden aus Deutschland, die viel zu dem Brückenschlag beigetragen haben. Die meisten haben an der Sprache und Kultur ihrer einstigen Heimat festgehalten, freuen sich über deutsche Besucher und wissen genau zwischen dem Deutschland von damals und heute zu unterscheiden. Wer jedoch in die Zukunft blickt, muss sich das Verhalten der jüngeren Israelis näher ansehen.

Ein Gradmesser ist ihr neuer Drang, Deutsch zu lernen. Wer am Abend kurz vor Beginn der Sprachkurse die geschwungene Treppe zum Tel Aviver Goethe-Institut hinaufsteigt, wird empfangen von einer bunten Gruppe junger Israelis, die alle ihre ganz persönlichen Gründe haben, warum sie hier sind. Alex, 27 Jahre alt, ist Pianist und will sich an einer Hochschule für Musik in Deutschland auf eine internationale Karriere vorbereiten.

— Wiedergutmachungsabkommen

*Im September 1951 bekannte sich Bundeskanzler Konrad Adenauer
(CDU) vor dem Deutschen Bundestag zu Schuld und Verantwortung des
deutschen Volkes an den NS-Verbrechen sowie zur prinzipiellen Verpflichtung der Bundesrepublik zur moralischen und materiellen Wiedergutmachung gegenüber Israel und dem jüdischen Volk.*

*Ein Jahr später unterzeichneten Adenauer und der israelische Außenminister
Mosche Scharett das Luxemburger Abkommen, das auch als „Wiedergutmachungsabkommen" bezeichnet wird. Darin verpflichtete sich die Bundesrepublik zu Zahlungen in Höhe von drei Milliarden DM, die vor allem
in Form von Warenlieferungen innerhalb von zwölf Jahren an Israel geleistet
werden sollten. Am gleichen Tag wurde mit dem Dachverband der jüdischen
Diaspora, der „Jewish Claims Conference", ein Übereinkommen über die
Zahlung von 450 Millionen DM geschlossen.*

*Das Abkommen war auf beiden Seiten umstritten. 80 Prozent der Israelis
lehnten es ab. Die Opposition warf Ministerpräsident David Ben Gurion
vor, mit der Annahme des „Blutgeldes" aus Deutschland die Würde der
Opfer zu missachten. Doch der hielt an dem Übereinkommen fest, da der
junge Staat für seinen Aufbau auf die Zahlungen aus Deutschland drin-
gend angewiesen war.*

*Deutsche Kritiker auch aus der Regierungskoalition argumentierten,
Israel habe kein Recht auf Entschädigung, da es während der NS-Herrschaft
noch gar nicht existiert habe. Fast die Hälfte der Deutschen hielt das
Abkommen zum Zeitpunkt seiner Unterzeichnung für überflüssig, lediglich
elf Prozent fanden es richtig.*

*Nur mit den Stimmen der sozialdemokratischen Opposition gelang es
Adenauer, am 18. März 1953 im Bundestag eine knappe Mehrheit für die
Ratifizierung des Abkommens zu bekommen. Wenige Monate später fanden
die ersten Warenlieferungen nach Israel statt. Zugleich begann die Bundes-
republik mit der Zahlung direkter Entschädigungsgelder und Renten an
Überlebende des Holocaust.*

Der 20-jährige Tal macht noch seinen Armeedienst und will einfach eine zusätzliche Sprache lernen. Er möchte Biologie studieren, aber erst später. Vorher will er erst einmal „herausfinden, wie es woanders ist, und dann vielleicht sogar dort bleiben. Wer weiß." Berlin hat er während eines Studentenaustauschs kennen gelernt. Für ihn ist das heute die Hauptstadt Europas. Seine Eltern allerdings fänden es gar nicht gut, dass er ins Ausland gehen will, „besonders Deutschland löst bei fast allen Israelis immer noch Vorbehalte aus".

Jahrelang galt es deshalb als Herausforderung, die junge Generation in Israel für deutsche Themen zu interessieren. Das sei mittlerweile anders, behauptet Amos Dolav, Programmdirektor des Goethe-Instituts. Denn die Berührungsängste würden allmählich verschwinden. Den Grund sieht er in der – in den 1990er Jahren – entspannteren politischen Lage und in der Globalisierung. „Nicht zuletzt das Kabelfernsehen hat Israel weltoffener, was eben auch heißt, Deutschland gegenüber offener gemacht."

Jugendaustausch

Ein anderer Gradmesser ist der Jugendaustausch. Ihn gab es schon, bevor 1965 erstmals Botschafter zwischen Israel und Deutschland ausgetauscht wurden. Später zog es viele Deutsche nach dem Abitur eine Zeitlang in einen Kibbuz oder sie meldeten sich für den Freiwilligendienst bei „Aktion Sühnezeichen Friedensdienste" (ASF), einer christlichen Organisation, die in Israel und anderen Ländern soziale Projekte für Menschen betreibt, die unter dem Nationalsozialismus gelitten haben.

Jene aber, die seit Jahren mit dem Jugendaustausch zwischen beiden Ländern beschäftigt sind, wissen sehr genau, dass Jugendliche hier wie dort heute anders ticken als früher. Deshalb sei es schwieriger als vor etwa 20 Jahren, Teilnehmer für solche Reisen zu gewinnen, sagt Michael Cares vom Evangelischen Jugendwerk. Denn wer heute von Berlin nach Madrid schon für 19 Euro fliegen könne, der brauche schon gute Gründe, um sich überhaupt einer organisierten Gruppe anzuschließen. Ein weiteres Hindernis sei die neue ethnische Zusammensetzung der deutschen Gesellschaft. Kinder von Türken etwa, die einst als so genannte Gastarbeiter nach Deutschland kamen, wollten sich nicht unbedingt mit dem Holocaust beschäftigen.

Bei Begegnungen zwischen Israelis und Deutschen stehen die israelische Gegenwart und die deutsche Vergangenheit immer mit im Raum. Das führe dazu, stellt Grischa Alroi-Arloser, israelischer Bundesgeschäftsführer der Deutsch-Israelischen Wirtschaftsvereinigung, fest, dass Israelis sich Deutschen gegenüber offener als umgekehrt verhalten, weil sie ihnen im Normalfall „nur" Vergangenes entgegenhalten können und sie sich bewusst sind, dass es keine persönliche Verantwortung der Nachgeborenen gibt. Deutsche hingegen sind auch einzelnen Israelis gegenüber zunehmend distanziert, weil sie ihnen kollektive Verantwortung für die Politik Israels gegenüber den Palästinensern aufbürden, die in Deutschland oft auf Unverständnis stößt.

Vier Flugstunden liegen zwischen Israel und Deutschland. Das kann wenig sein, wenn die Menschen oft überrascht feststellen, wie ähnlich ihr Lebensstil ist. Aber eben auch eine schwer überbrückbare Distanz, wenn es um die Lehren aus jener Vergangenheit geht, die beide Seiten so unweigerlich miteinander verbindet. Denn wo die Deutschen „Nie wieder Krieg" rufen, heißt es bei den Israelis: „Nie wieder schwach sein".

Diese Kluft wird immer dann besonders deutlich, wenn es um die Einschätzung heutiger Gefahren – und den Umgang damit – geht. Die Diskussion um das iranische Atomprogramm, durch das sich Israel in seiner Existenz bedroht sieht, ist nur ein Beispiel. Während Deutschland bisher gegenüber dem Regime in Teheran an einer Politik des „kritischen Dialogs" festhält, drängt Israel zu Sanktionen gegenüber dem Iran und schließt auch einen Militärschlag nicht aus.

[...] Als ich im September nach Israel kam, wusste ich nicht, wie ich mit dem Thema Holocaust umgehen sollte. Wie würden mir die Menschen begegnen, wenn sie hörten, dass ich aus Deutschland komme? In den ersten Wochen vermied ich es, in der Öffentlichkeit Deutsch zu sprechen. Wenn es doch sein musste, senkte ich die Stimme. Ich wollte nicht erkannt werden, als Nachfahre der Täter.

In beinahe jedem Gespräch, das ich mit Gleichaltrigen führte, kam die Sprache irgendwann auf die Vergangenheit. Ich erklärte mich. Sagte, dass ich als Jugendlicher an jeder Demonstration gegen Nazis teilgenommen hatte, die ich erreichen konnte. Betonte, dass ich in Dachau war, in Auschwitz und in Belzec. [...]

Ich wollte den Vorwurf entkräften, bevor er gemacht würde. Aber der Vorwurf, den ich fürchtete und den ich doch irgendwie als befreiend empfunden hätte, kam nicht. Nicht ein einziges Mal. Stattdessen erlebe ich eine Normalität im Verhältnis zwischen jungen Israelis und jungen Deutschen, mit der ich nicht gerechnet hatte.

Klar, das Thema ist da, mal unterschwellig, mal offen angesprochen, aber nicht als etwas Trennendes, sondern als ein gemeinsamer Bezugspunkt von Identität. Es ist eine Normalität der Vernunft, in der der kollektive Schuldvorwurf genauso wenig eine Rolle spielt wie der exkulpative „Schlussstrich". Weder nehmen einen junge Israelis nur als Nazi-Nachfahre wahr, noch reichen sich die Enkel kumpelhaft über den Gräbern die Hände.

Es gibt allerdings Orte und Situationen, an denen diese sehr spezielle, nichts relativierende Normalität fehl am Platze ist. Orte, die den Opfern und ihrer Perspektive gewidmet sind und an denen die Scham und die Fassungslosigkeit sehr rasch wieder von einem Besitz ergreifen.

Die Gedenkstätte Yad Vashem ist so ein Ort. Als ich zum ersten Mal durch die Ausstellung gehe, umringt mich vor einer Video-Säule eine Gruppe orthodoxer Jugendlicher. Es geht um den Aufstieg der NSDAP, um das Ende von Weimar. [...] Dann beginnt das Video. Wochenschau-Aufnahmen. Der bellende Hitler. Die Massen mit dem ausgestreckten Arm. Ich beobachte die Reaktionen der Jugendlichen. Sie starren gebannt auf den Bildschirm. Einer flüstert seinem Nebenmann etwas zu. [...] Ich möchte den jungen Mann fragen, was er von den Bildern hält, von dieser fürchterlichen Konformität, dieser freiwilligen Aufgabe des Individuums zugunsten eines dumpfen, gewalttätigen Kollektivs. Dann der Gedanke, dass meine Großeltern auch den Arm hochgerissen haben könnten. Ich gehe weiter, ohne zu fragen. [...]

Eine Woche nach meinem Besuch in Yad Vashem sitze ich in einem Seminarraum 302 der Hebräischen Universität Jerusalem. Es ist die erste Sitzung des Seminars „The Historiography of the Holocaust". Der Dozent ist David Bankier, ein ausgewiesener Experte des Themas. Außer mir und ein paar anderen Deutschen sind Studenten aus den USA, Polen und Frankreich da. Vorstellungsrunde. Es geht reihum. Dann spricht einer der Deutschen. Er nennt seinen Namen und woher er kommt. Daraufhin sagt er, ohne zu zögern: „Die Leute aus meinem Ort gehörten zu den wenigen, die nichts gegen die Juden gehabt haben im Dritten Reich."

Pause. Bankier kneift die Augen zusammen. Scharf fragt er: „Woher wollen Sie das wissen?" Das ist der Augenblick, in dem mich die Scham voll erfasst. Wütend denke ich in Richtung des Kommilitonen: „Weißt du, du bist so jung und du kannst nichts dafür, aber Du trägst eine Verantwortung, verdammt noch mal."

Christian Salewski, „Normalität unter Enkeln", erschienen in der Onlineausgabe der ZEIT am 27. Januar 2009.

— Erinnerungskultur – die Israelis und der Holocaust

Die erste Begegnung mit dem Holocaust findet für Israelis im Kindergarten statt. Wenn einmal im Jahr, am Jom Ha Schoah, dem nationalen Holocaust-Gedenktag, eine Sirene das Land zwei Minuten lang zum Stillstand bringt, stehen auch die Kleinen mit auf. Von Fakten bleiben sie jedoch noch verschont.

Einige Jahre später werden sie dann in der Schule Näheres über jene Vergangenheit erfahren, die sie auf so schreckliche Weise mit den Deutschen verbindet. Das Interesse der Jugendlichen an diesen Geschehnissen ist heute größer denn je. Und je mehr Zeit verstreicht, desto wichtiger ist auch der Platz, den die Erinnerung an den Holocaust in der israelischen Identität einnimmt.

Erst 1953 verabschiedete die Knesset ein Gesetz, das Yad Vashem in Jerusalem zur offiziellen nationalen Gedenkstätte zur Erinnerung an den Holocaust bestimmte. Zwei Jahre zuvor hatte das israelische Parlament den Beschluss gefasst, einen Gedenktag an die Opfer des Holocaust einzurichten, der seither alljährlich in der Woche zwischen Pessach und Unabhängigkeitstag – also im April oder Anfang Mai – stattfindet. Doch erst 1959 wurde der Jom Ha Schoah gesetzlich als nationaler Gedenktag verankert.

Sei noch in den 1970er Jahren der Unabhängigkeitstag für junge Israelis der bedeutungsvollere Feiertag gewesen, behauptet der Psychologie-Professor Dan Bar-On, so habe seit den frühen 1990er Jahren der Jom Ha Schoah diese Rolle übernommen – und zwar selbst bei den jungen israelischen Juden, deren Eltern einst aus arabischen Ländern eingewandert sind. Auch sie identifizieren sich mit der Verfolgungsgeschichte der europäischen Juden. Dieser Vorgang belegt den dramatischen Wandel in Israel hinsichtlich der kollektiven Erinnerung an den Holocaust.

— Yad Vashem

Yad Vashem ist die zentrale nationale Holocaust-Gedenkstätte Israels. Sie wurde 1953 durch einen Knessetbeschluss ins Leben gerufen und befindet sich auf dem „Berg der Erinnerung" im Westen Jerusalems. Der hebräische Ausdruck „Yad Vashem" bedeutet wörtlich übersetzt „ein Denkmal und ein Name" und stammt aus dem Buch Jesaja 56,5: „Und denen will ich in meinem Hause und in meinen Mauern ein Denkmal und einen Namen geben."

Aufgabe der Gedenkstätte ist es, die Geschichte der Juden im Holocaust zu dokumentieren, das Andenken an die sechs Millionen Opfer zu bewahren und durch Veranstaltungen, Projekte, Forschung und Publikationen das Vermächtnis des Holocaust den nächsten Generationen zu übermitteln. Zu dem weitläufigen Komplex gehören verschiedene Denkmalstätten, ein Museum, eine Bibliothek, ein Zentralarchiv und ein Forschungszentrum. Die offiziellen Veranstaltungen zum Holocaust-Gedenktag finden in Yad Vashem statt.

Im März 2005 wurde ein neuer Museumsbau eröffnet, der von dem israelisch-kanadischen Architekten Mosche Safdie entworfen wurde. Das 180 Meter lange, schmale Gebäude stilisiert einen Nagel, der in den „Berg der Erinnerung" getrieben wurde. Anhand von Videoinstallationen, Exponaten und Fotografien dokumentiert die Ausstellung den Völkermord an den europäischen Juden. Sie mündet in die „Halle der Namen", in der die Namen und persönlichen Daten der jüdischen Opfer des Holocaust gesammelt werden.

Das zentrale Denkmal in Yad Vashem ist die „Halle der Erinnerung". In den schwarzen Basaltfußboden des schlichten Baus, der bis auf die Ewige Flamme in seiner Mitte leer ist, sind die Namen einiger nationalsozialistischer Konzentrations- und Vernichtungslager eingraviert. Der Weg dorthin führt durch die „Allee der Gerechten unter den Völkern", die an nichtjüdische Personen und Organisationen erinnert, die unter Lebensgefahr versucht haben, Juden vor dem Holocaust zu bewahren.

Mehr als zwei Millionen Menschen besuchen Yad Vashem pro Jahr. Der Besuch der Gedenkstätte ist kostenlos. Im Internet unter www.yadvashem.org.il.

Verdrängung der Vergangenheit

Denn lange Zeit herrschte – ähnlich wie in Deutschland – auch in Israel über diese Zeit Schweigen. In den ersten Jahrzehnten nach der Staatsgründung hatte das Establishment kein offenes Ohr für grausame Verfolgungsgeschichten. Man wollte eine neue Identität aufbauen, in die Zukunft blicken und vor allem kein Opfer mehr sein. Die Überlebenden blieben aber nicht nur mit ihren Erinnerungen allein und schwiegen, sie mussten sich zudem auch kritische Fragen gefallen lassen wie: „Wieso habt ihr euch wie Lämmer zur Schlachtbank führen lassen?"

Manche hätten ihnen damals sogar misstraut, erzählt der Vorsitzende des Dachverbands der Organisationen der Holocaust-Überlebenden in Israel, Noah Flug. „Wie konnte es sein, dass sie nicht ermordet wurden wie alle anderen?" Erst nach dem Eichmann-Prozess 1961, der die erschütternden Zeugenaussagen von Überlebenden der Konzentrationslager via Rundfunk in die Wohnungen hineintrug, verstummten solche Fragen.

Dieser verständnislose Umgang mit der Vergangenheit hatte in Israel Konsequenzen, die bis ins Innere der Familien drangen. Die Überlebenden, die mit ihren Kindern ohnehin nicht gerne über ihre Vergangenheit sprachen, verdrängten die Erinnerungen, so gut sie es konnten, gaben aber an ihre Nachkommen ein Unbehagen weiter. Dennoch – oder gerade deswegen – sei der Holocaust immer schon ein zentraler Bestandteil der israelischen Identität gewesen, behauptet der Journalist Pierre Heumann, „eben weil er so krampfhaft in einer vermeintlich kommunikationsfreien Zone versteckt wurde".

Neu erwachtes Interesse

Heute ist allen bewusst, dass mit den letzten Überlebenden in absehbarer Zeit auch die letzten Zeitzeugen verschwinden werden. Dass man sich heute so stark für ihr Schicksal interessiere, führt Flug auch auf ihre höhere Bedürftigkeit im Alter zurück – und mit einem weltweiten Interesse am Holo-

Eichmann-Prozess

Der SS-Obersturmbannführer Karl Adolf Eichmann war als Leiter des „Judenreferates" im Reichssicherheitshauptamt einer der Hauptverantwortlichen für die systematische Deportation und Ermordung von etwa sechs Millionen Juden unter der NS-Herrschaft. Im Zuge der „Endlösung der Judenfrage" organisierte er die Transporte jüdischer Menschen in Konzentrations- und Vernichtungslager in ganz Europa.

Adolf Eichmann 1961 vor Gericht.

Nach Kriegsende flüchtete Eichmann nach Argentinien. Dort wurde er 1960 vom israelischen Geheimdienst aufgespürt, der ihn nach Israel entführte, da es zwischen Israel und Argentinien kein Auslieferungsabkommen gab.

Der Prozess gegen Eichmann fand von April bis Dezember 1961 vor dem Jerusalemer Bezirksgericht unter dem Vorsitz von Mosche Landau statt. Hauptankläger war der israelische Generalstaatsanwalt Gideon Hausner. Der deutsche Anwalt Robert Servatius übernahm Eichmanns Verteidigung. Eichmann, der keinerlei Reue zeigte, wurde in allen 15 Anklagepunkten für schuldig gesprochen, zum Tod durch den Strang verurteilt und im Mai 1962 hingerichtet.

Der Eichmann-Prozess, in dessen Verlauf auch Überlebende der Konzentrationslager als Zeugen aussagten, fand große internationale Aufmerksamkeit und führte der Weltöffentlichkeit das Ausmaß der deutschen Schuld vor Augen. Zugleich löste er erstmals seit Kriegsende eine breite Debatte über den Holocaust in der deutschen Öffentlichkeit aus.

caust, das heute viel größer sei als unmittelbar nach 1945: „Welcher deutsche Jugendliche fragte damals schon seinen Vater: Bist du Wächter in Auschwitz gewesen oder warst du in der SS?"

Viele Überlebende füllen das einstige Schweigen gegenüber ihren Kindern heute durch Gespräche mit ihren Enkeln aus. Im hohen Alter verspüren manche plötzlich den Drang, doch noch ihre Erlebnisse für die Nachwelt aufzuschreiben. Und die Wissbegierde der Nachkommen ist groß. Unterstützt wird sie von den Lehrplänen in der Schule. So müssen sich alle Siebtklässler im Rahmen eines halbjährigen Forschungsprojektes mit ihren Wurzeln beschäftigen.

Fragen wie „Woher kommt meine Familie, wie viele ihrer Mitglieder haben den Holocaust überlebt, wo sind sie jetzt?" sind Teil der israelischen Identität geworden. Der Literaturkritiker Efraim Sicher sieht darin ein „Erwachsenwerden der israelischen Gesellschaft". Diese sei überhaupt – anders als früher – heute in der Lage, individuellen Identitäten und Erinnerungen breiten Raum zuzugestehen.

Nicht unumstritten sind indes die Klassenfahrten nach Auschwitz, die jedes Jahr von rund 25.000 israelischen Jugendlichen unternommen werden. Es handelt sich um ein einschneidendes Erlebnis, das für viele das Verhältnis zum Staat Israel neu prägt. Manche sind von einem solchen Besuch des ehemaligen Vernichtungslagers aber schlichtweg so überfordert, dass es ihnen auch keinen Schutz mehr bietet, wenn sie sich dort in die israelische Flagge einwickeln. In jedem Fall bedeutet diese direkte Verbindung – von der Vernichtung zur rettenden Heimatstätte – ein ganz zentrales Element im heutigen israelischen Selbstverständnis.

Quelle: picture-alliance/dpa

Israelische Schüler vor dem „Denkmal der Deportierten" in Yad Vashem. Das Interesse der jungen Generation am Holocaust ist heute größer denn je.

Quelle: picture-alliance/dpa

Israelische Jugendliche auf dem Gelände des ehemaligen Vernichtungslagers Auschwitz. Ein Besuch der Gedenkstätte ist für junge Israelis ein zutiefst prägendes Erlebnis.

Demonstration gegen den zweiten Libanonkrieg am 21.7.2006 in Berlin. Einer Umfrage von Januar 2009 zufolge hält fast die Hälfte der Deutschen Israel für ein aggressives Land.

Der Betrachter von außen sieht Israel gerne durch die Brille seiner eigenen Identität und Vergangenheit. Deshalb reden Europäer, wenn sie den Nahen Osten meinen, häufig über sich selbst. Im Fall der Deutschen liegt es auf der Hand, dass dabei der Holocaust – ausgesprochen oder unausgesprochen – immer präsent ist.

Um den komplexen Nahost-Konflikt an sich geht es oft nur bedingt. Die eigene Haltung und Gefühlslage spielen bei der Betrachtung häufig eine wichtigere Rolle als oftmals verwirrende Fakten. Da gibt es den einen Deutschen, der aufgrund der NS-Vergangenheit seines Landes eine besondere Verantwortung gegenüber Israel fühlt und deshalb einseitig Partei für den jüdischen Staat ergreift, und den anderen, der seine historische Unbefangenheit unter Beweis stellen will und Israel daher vorschnell und besserwisserisch verurteilt.

Und es ist längst eine Binsenweisheit, dass sich bei vielen etwa angesichts der umstrittenen israelischen Militäreinsätze in den besetzten Gebieten eine Art Erleichterung einstellt, die auf einer seltsamen Gleichung fußt: Wenn die Israelis Schlimmes tun, dann reduziert das doch die Last, die aufgrund des millionenfachen Mordes an den Juden während der NS-Zeit auf den Deutschen ruht. Hinzu kommt das Gefühl, man selbst habe seine Lektion aus der Geschichte gelernt. Das stärkt das Selbstwertgefühl.

Die Kluft zwischen Betrachter und Betroffenen macht eine Umfrage der EU-Kommission von 2003 deutlich. Danach sahen immerhin 65 Prozent der Deutschen (und 59 Prozent aller Europäer) in Israel „eine Gefahr für den Weltfrieden". Und einer Umfrage vom Januar 2009 zufolge, die das Meinungsforschungsinstitut Forsa im Auftrag des Magazins „Stern" unter anderem zum damals herrschenden Krieg im Gazastreifen durchführte, sagte fast die Hälfte (49 Prozent) der Befragten, Israel sei ein aggressives Land. 59 Prozent erklärten, es verfolge seine Interessen ohne Rücksicht auf andere Länder, und nur 30 Prozent zeigten sich überzeugt, dass die israelische Regierung die Menschenrechte achte. Diese hohen Prozentzahlen lassen sich auf objektive Tatbestände allein nicht zurückführen, vielmehr spielen bei ihrem Zustandekommen Entlastung und Schuldabweisung eine große Rolle.

Dass der jüdische Staat trotz seiner militärischen Macht nach wie vor um seine Existenz kämpft, wird ignoriert oder verdrängt. Aus sicherer Entfernung lassen sich die universalen humanistischen Grundsätze, die viele Deutsche nach dem Holocaust verinnerlicht zu haben glauben, leicht hochhalten und gegebenenfalls eben auch – oder gerade – gegen Israel wenden.

Unterschiedliche Wahrnehmung

Dazu gehört der Versuch von Menschenrechtsorganisationen, israelische Soldaten wegen des Vorwurfs, Kriegsverbrechen begangen zu haben, vor ein internationales Gericht in Europa zu stellen. Als „lawfare" – eine Abwandlung des englischen Wortes „warfare" (Kriegsführung), wörtlich übersetzt „Rechtsführung"; gemeint ist die Anwendung des internationalen Rechts als eine Art Waffe – bezeichnen manche israelische Wissenschaftler, die sich mit der heutigen Rolle von NGOs beschäftigen, das Verfahren. Dabei gehe es weniger darum, am Ende eine tatsächliche Verurteilung zu erreichen. Ziel sei es vielmehr, das Thema ununterbrochen in den Medien zu halten.

Der durchschnittliche Israeli erlebt dieses Vorgehen als Doppelmoral. „Die Amerikaner können im Irak einmarschieren, die Russen gegen die Tschetschenen vorgehen und die Nato kann Belgrad bombardieren. Aber über uns will man nach dem Gazakrieg richten", so eine verbreitete Meinung. Unmut ruft bei vielen Israelis auch die Tatsache hervor, dass ausländische Medien oft erst dann über Raketenangriffe auf israelische Städte durch die Hamas oder Hisbollah berichten, wenn ein israelischer Gegenangriff erfolgte.

Und während in den israelischen Medien frei und kritisch darüber berichtet wird, wenn die eigenen Soldaten offensichtlich Unrecht begehen, stehen die Taktiken ihrer Gegner in ihren Gesellschaften nicht offen zur Debatte. Dabei sind sowohl Hamas als auch Hisbollah Meister in der Inszenierung ihrer vermeintlichen Opferrolle und schrecken auch nicht vor der Haltung zurück: Je mehr Tote im eigenen Lager, desto besser, weil auf diese Weise das Image Israels beschädigt wird.

Wie aber kommt es zu dieser unterschiedlichen Wahrnehmung in Israel einerseits und außerhalb Israels andererseits? Der Philosoph Mosche Halberthal erklärt dies mit der „Kluft zwischen den aktuellen Bildern etwa aus dem Gazakrieg Anfang 2009 und der geopolitischen

Situation. Da steht ein Kamerateam des arabischen Fernsehsenders Al-Dschasira am Eingang zum Schifa-Krankenhaus in Gaza und zeigt, wie die Verwundeten hineingebracht werden. Dem ausländischen Fernsehzuschauer vermitteln solche Bilder den Eindruck, dass der Goliath Israel diese armen Leute zerschmettert. Die israelische Sicht ist eine ganz andere. Für die Israelis sind Hamas und Hisbollah, deren Raketen letztlich ganz Israel erreichen können, die Speerspitze einer viel größeren, unsichtbaren Bedrohung. Sie fühlen sich wie der winzige David gegenüber einem immensen muslimischen Goliath. Die Frage ist: Wer ist hier David und wer ist Goliath?"

Die Medien, die sich in ihrer Berichterstattung überwiegend auf den Nahost-Konflikt beziehen und andere Aspekte des Lebens in Israel oft außer Acht lassen, spielen also eine große Rolle bei der Wahrnehmung Israels im Ausland.

In Israel sorgt man sich, dass in Zukunft die Grenze zwischen legitimer Kritik an israelischer Politik und gezielten Delegitimierungsversuchen – vor allem auch aus intellektuellen linken Kreisen in Europa – verwischt werden könnte. Dazu gehören Boykottaufrufe gegen eine Zusammenarbeit auf wissenschaftlichem und wirtschaftlichem Gebiet, zum Teil sogar von israelischen Postzionisten mit unterstützt. Kritisiert wird da im Kern aber nicht nur die Besatzungspolitik, sondern der jüdische Staat als solcher ist im Visier.

Überhaupt erscheint vielen Europäern, die davon ausgehen, dass sie nun endlich veraltete Kategorien wie Kolonialismus, Imperialismus und Nationalismus überwunden und hinter sich gelassen hätten, das zionistische Projekt „eine sichere Heimstätte für die Juden" als ein „verspätetes Gebilde".

Sie glaubten, wie Hermann Kuhn, Grünen-Politiker und Vorsitzender der Deutsch-Israelischen Gesellschaft AG Bremen, 2004 in einem Beitrag mit dem Titel „Israel und Europa: Bestandsaufnahme einer

Entfremdung" analysierte, dass Israel „aus der europäischen Erfolgsgeschichte seit 1945 nichts gelernt hat, das aber alles hätte lernen müssen, weil es ja aus Europa kam und ‚Fleisch von seinem Fleisch‘ ist". Nur haben die Israelis – im Gegensatz zu den Europäern heute – immer noch ganz reale Feinde. Interessant aber ist in diesem Zusammenhang die Feststellung, dass auch die schärfsten europäischen Kritiker eines israelischen Nationalstaats kein Problem mit der Forderung nach einem nationalen Palästinenserstaat haben.

Aber darf man Israel als Deutscher denn überhaupt kritisieren? Diese Frage wird häufig gestellt. In vielen Fällen drückt sie echte Unsicherheit aus. Oft hat sie aber auch rhetorischen Charakter und birgt den unterschwelligen, aber unbegründeten Vorwurf in sich, jeder kritische Einwand würde von israelischer Seite doch nur als Antisemitismus-Beweis abgetan. Denn in der Regel sind es vor allem Tonfall und Wortwahl, die über die Grenze zwischen legitimer Israel-Kritik und – offenem oder verstecktem – Antisemitismus bestimmen.

Gisela Dachs

— Blick in die Zukunft – mehr Fragen als Antworten

Es kommt nicht von ungefähr, dass Israel zu jenen Ländern gehört, in denen besonders viele Auslandsjournalisten tätig sind. Hier spielt sich oft im Kleinen ab, was die Welt im Großen beschäftigt: Das Nebeneinander von Religionen, das Aufeinandertreffen von Orient und Okzident, uralter Tradition und westlicher Moderne, die Herausforderungen einer Einwanderungsgesellschaft.

In dieser Hinsicht ist Israel eine Art Laboratorium, wo einem vieles bekannt vorkommt, man sich aber auch leicht in der Einschätzung täuschen kann. Denn oft greift das eigene Raster nur begrenzt – so lässt sich eben die arabische Minderheit nur bedingt mit den türkischstämmigen Deutschen vergleichen.

Ähnlich geht es einem mit der Religion. Wie lässt sich erklären, dass Israel im Grunde ein ganz und gar säkularer Staat ist, aber das Oberrabbinat trotzdem darüber entscheidet, wer heiraten darf, und dass manche ultra-orthodoxe Juden den Staat zwar ablehnen, sich aber trotzdem in die Knesset wählen lassen? Ebenso gibt es weltliche Israelis, die furchtbar gerne unkoschere Meeresfrüchte essen, aber nie einen Bissen Schweinefleisch zu sich nehmen würden. Jeder nach seinen Regeln und seiner Fasson.

In den Medien lässt sich diese Vielschichtigkeit meist nicht vermitteln, das würde den Rahmen der Berichterstattung sprengen. Deshalb lohnt sich die Reise vor Ort, die den Besucher am Ende in der Regel mit mehr Fragen als Antworten zurücklässt. Er soll sich trösten lassen. Denn auch in Israel stellt man sich ständig alte und neue Fragen. 60 Jahre nach seiner Gründung ist der Staat immer noch im Werden. Allerdings: Im Gegensatz zu den zionistischen Gründervätern empfindet heute kein Israeli mehr Begeisterung darüber, in seinem Staat zu leben. Dieser ist längst selbstverständlich geworden, auch wenn seine Existenz immer noch nicht gesichert scheint.

„Amerika ähnlich zu sein" ist der Traum vieler Israelis – so der Leiter des Sapir-Colleges in Sderot, Seev Zachor. Tel Aviv 2009.

Amerikanisierung

Das einstige kollektive Ethos hat lediglich als historische Referenz überlebt: Der Kibbuz hat sein Gesicht geändert, die „hebräische" Landarbeit wurde erst den Palästinensern überlassen und ist nach zwei Intifadas, die zum fast völligen Bruch zwischen der israelischen und der palästinensischen Bevölkerung geführt haben, nun fest in Händen von Gastarbeitern aus Thailand. Illegale Zuwanderer aus aller Welt erledigen die Arbeiten, die kaum ein Israeli heute mehr machen will: Die Alten werden von Filipina betreut, Chinesen bauen Häuser, Afrikaner putzen. In dieser Hinsicht ist Israel ein nach westlichen Maßstäben normales Land geworden.

„Der israelische Traum heute heißt, Amerika ähnlich zu sein", sagt Seev Zachor, der in den 1970er Jahren Sekretär von Staatsgründer David Ben Gurion war und heute das Sapir-College in Sderot leitet. Vielleicht sei das

Ende des Traums, in Israel einen „neuen Menschen" zu schaffen, kein Unglück, fügt er hinzu. „Vielleicht entwickelt sich hier eine Gesellschaft wie alle anderen in der westlichen Welt und vielleicht liegt der israelische Erfolg auf paradoxe Weise gerade darin, den jüdischen Gelehrten der Diaspora in die unspektakuläre, banale Gestalt eines Menschen wie alle anderen verwandelt zu haben, einfach in einen normalen Menschen in einer normalen Gesellschaft, die in sich selbst die erreichbare israelische Wirklichkeit verkörpert."

Vorbei sind auch die Zeiten, in denen sich Israel als die alleinige Heimat aller Juden betrachtete. Niemand predigt heute mehr, dass sie unbedingt in Israel leben sollten, um den jüdischen Staat zu stärken – dieses alte ideologische Denken ist passé, ohne dass Israel allerdings zu einem Land geworden wäre, das sicher in die Zukunft blickt. Man fühlt sich weiterhin oder vielleicht sogar noch stärker bedroht als früher, was aber die Zuversicht nicht bremst, mit den Herausforderungen schon fertig zu werden.

In denselben Umfragen, die diesen Optimismus immer wieder bestätigen, wird aber zugleich ein anderer Trend deutlich, den man auch in europäischen Ländern gut kennt, den sich Israel aber viel weniger als alle anderen Staaten leisten kann: Ein tiefes Misstrauen in die Institutionen des Staates und in seine Führungsschichten oder, anders gesagt, eine weit verbreitete Politikverdrossenheit.

Viele Israelis machen heute außerdem von dem Recht Gebrauch, die einstige Staatsbürgerschaft ihrer verfolgten Großeltern wiederzuerlangen – und sind somit im Besitz eines (zusätzlichen) EU-Passes. Die Gründe sind vor allem pragmatischer Art. Damit lässt es sich besser auf der Welt herumreisen; mit einem Studium im europäischen Ausland lassen sich auch die hohen israelischen Studiengebühren umgehen. Für manche ist es – bewusst oder unbewusst – auch eine Art Versicherungsschein. Falls alles ganz schlimm kommen sollte, hätten sie wenigstens Anspruch darauf, in einem EU-Land zu leben.

Als Staatspräsident Schimon Peres anlässlich der Feierlichkeiten zum 60. Jahrestag der Gründung des Staates Israel im Mai 2008 eine hochkarätige Konferenz einberief, die sich mit der Zukunft der Welt ganz allgemein, aber auch spezifisch jener seines Landes beschäftigte, brachte er die Herausforderungen auf den Punkt: „Nach einem Millennium jüdischer Staatenlosigkeit und 60 Jahren Staatlichkeit wissen wir immer noch nicht, was ein jüdischer Staat sein kann und soll. Wie sollte die jüdische Identität des Staates Israel in der Öffentlichkeit reflektiert werden, in den Bereichen Staat und Religion, in der Vision, die seine Führungskräfte antreibt, im Bereich von Justiz, Wohlfahrtspolitik, Erziehung, Außenpolitik, des Engagements für die Diaspora-Juden und der Koexistenz mit Israels nicht-jüdischen Bürgern?"

Die Antworten auf diese Fragen können nur in einem permanenten Suchprozess gefunden werden. Israel ist ein einzigartiges Experiment, das längst noch nicht abgeschlossen ist – und vielleicht gerade deshalb für viele so unfassbar und fesselnd zugleich.

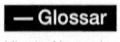

Nicole Alexander

— *Alijah* (Plural: Alijot, hebräisch; „Aufstieg"). Ursprünglich bezeichnete der Begriff den Aufstieg der frommen Juden zum Tempel in Jerusalem, später wurde er allgemein für die Einwanderung von Juden aus der Diaspora nach Palästina bzw. Israel verwendet. Auch die fünf Einwanderungswellen nach Palästina zwischen 1882 und 1948 werden jeweils Alijah genannt. Das Gegenteil von Alijah ist Jeridah (hebräisch; „Abstieg"), die Auswanderung.

— *Arabische Liga* Zusammenschluss von 21 arabischen Staaten und der Palästinensischen Befreiungsorganisation (PLO) mit Sitz in Kairo. Ziel der Arabischen Liga, die am 22. März 1945 gegründet wurde, ist die Förderung der Zusammenarbeit ihrer Mitglieder in politischen, militärischen, wirtschaftlichen, sozialen und kulturellen Fragen.

— *Aschkenasi* (Plural: Aschkenasim) Im Mittelalter war Aschkenas die hebräische Bezeichnung für Deutschland, in hebräischen Kreuzzugschroniken und Briefen orientalischer Gemeinden werden die Deutschen Aschkenasim genannt. Ab dem 13./14. Jahrhundert wurde der Begriff auf die Juden aus Deutschland, die zu dieser Zeit in großer Zahl nach Osteuropa emigrierten, und deren Nachkommen übertragen und umfasste dann auch die aus Frankreich, England und Norditalien stammenden Juden im Gegensatz zu den Sephardim, den von der Iberischen Halbinsel vertriebenen Juden. Später zählten auch die Juden aus den USA zu den Aschkenasim.

— *Assimilation* (lateinisch; „Angleichung") Ein infolge der Aufklärung hauptsächlich von Westeuropa ausgehender Angleichungsprozess der Juden an ihre nichtjüdische Umwelt in politischer, gesellschaftlicher und kultureller Hinsicht. Da die Assimilation den Verzicht auf spezifisch jüdische Werte und Traditionen beinhaltet, war sie von Anfang an innerjüdisch umstritten.

— *Beduinen* In Israel gibt es heute etwa 200.000 Beduinen, muslimische Wüstennomaden, die zum Großteil im Süden des Landes in der Negevwüste leben. Seit den 1960er Jahren versucht der Staat Israel, die Beduinen sesshaft zu machen. Seither lebt die Mehrzahl von ihnen in sieben eigens gegründeten und offiziell anerkannten Städten im Negev, die allerdings zu den ärmsten Gemeinden des Landes zählen. Die Lebenssituation in den so genannten illegalen Beduinen-Dörfern ist noch schlechter.

— *Bodenrecht* Rund 93 Prozent des israelischen Bodens gehören dem Staat oder quasi-staatlichen Einrichtungen. Im Grundgesetz über die öffentlichen Böden von 1960 wurde festgelegt, dass sie vorzugsweise verpachtet statt verkauft werden sollen. Mit 75 Prozent ist der Staat Israel der größte Besitzer an Grund und Boden, der von der „Israel Lands Administration" (ILA) verwaltet wird. Seit seiner Gründung 1901 hat zudem der zionistische „Jewish National Fund" Land in Palästina privatrechtlich erworben und an jüdische Siedler verpachtet. Seit 1960 wird dieses Land – etwa 13 Prozent des Staatsgebiets – ebenfalls von der ILA verwaltet, die es ausschließlich Juden zur Nutzung überließ. Im Jahr 2000 entschied der Oberste Gerichtshof, dass diese Beschränkung illegal sei. Die restlichen zwölf Prozent des Bodens befanden sich bis zur Staatsgründung im Besitz von Palästinensern, die 1948/49 flohen oder vertrieben wurden. Es wurde 1953 einer „Development Authority" übertragen, die es zum Großteil verpachtet oder verkauft hat – ein angesichts des ungeklärten Rückkehrrechts der Flüchtlinge umstrittenes Vorgehen.

— *Davidstern* (hebräisch: Magen David – „Schild Davids") Die zwei Dreiecke, die ein Hexagramm bzw. einen sechszackigen Stern bilden, waren in biblischer Zeit ein dekoratives, nicht spezifisch jüdisches Symbol. 1527 wurde der Davidstern erstmals als Symbol der jüdischen Gemeinde in Prag verwendet, fand in der Folge zunehmend Verbreitung als Symbol jüdischer Identität und wurde durch den Zionismus zum Symbol der jüdischen Nationalbewegung. Seit 1949 ist er das offizielle Emblem der Nationalflagge Israels.

— **Diaspora** (griechisch; „Zerstreuung") Bezeichnung für – freiwilliges oder erzwungenes – jüdisches Leben außerhalb Palästinas bzw. Israels. Synonym mit der Bezeichnung Diaspora werden auch die Begriffe Galut (hebräisch) oder Exil (lateinisch) verwendet. Nach zionistischer Auffassung sollten alle Juden den Zustand der Diaspora überwinden und nach Palästina bzw. Israel einwandern.

— **Drusen** Ethnische und religiöse Gemeinschaft, die sich im 11. Jahrhundert vom schiitischen Islam abgespalten hat und im Libanon, in Syrien und in Israel lebt. Ihre Religion gebietet ihnen, dem Land gegenüber, in dem sie leben, loyal zu sein. Rund 80.000 Drusen leben in Galiläa im Norden Israels. Sie sind als eigenständige Religionsgemeinschaft anerkannt, und die drusischen Männer unterliegen der Wehrpflicht. Auf den von Israel besetzten Golanhöhen leben rund 20.000 Drusen, die allerdings nicht zum Armeedienst eingezogen werden.

— **Eichmann-Prozess** siehe Seite 119

— **Einwanderungsbehörde** siehe Jewish Agency

— **Entwicklungsstädte** Städtische Neugründungen ab 1950, die gezielt gefördert wurden, um die vielen jüdischen Einwanderer, die in den jungen Staat strömten, aufzufangen und gleichmäßig über das Land zu verteilen. Allerdings wurde das Ziel, den anfangs niedrigen wirtschaftlichen Status dieser Städte zu heben, oft nicht erreicht. Ingesamt gibt es in Israel 32 Entwicklungsstädte.

— **Erste Intifada** (arabisch; „Abschütteln", „Erhebung"). Zunächst weitgehend ziviler Aufstand (Boykott jüdischer Waren, Streikaktionen) der Palästinenser in den seit 1967 von Israel besetzten Gebieten, der im Dezember 1987 in Gaza begann und auf das Westjordanland übergriff. Auf das Einschreiten der israelischen Armee hin griffen vor allem jugendliche

Palästinenser die Soldaten mit Steinen und Brandsätzen an und errichteten Straßenblockaden. Die erste Intifada klang erst mit dem Oslo-Abkommen von 1993 ab, in dem sich Israel und die PLO gegenseitig anerkannten.

— *Fatah* siehe Seite 78 f. (Jassir Arafat)

— *Gazastreifen* Rund 360 Quadratkilometer großes Küstengebiet am östlichen Mittelmeer, das an Israel und im Süden an Ägypten grenzt. Seinen geografischen Zuschnitt erhielt der Gazastreifen mit dem Waffenstillstandsabkommen zwischen Israel und Ägypten nach dem ersten Nahost-Krieg von 1948/49, bis 1969 stand das Gebiet unter ägyptischer Militärverwaltung. Im Gazastreifen mit seinem Zentrum Gaza-Stadt leben etwa 1,5 Millionen Palästinenser. Er wurde 1967 von Israel besetzt und steht heute im Innern formal unter Verwaltung der Palästinensischen Autonomiebehörde (PA). Seit Juni 2007 wird er von der Hamas kontrolliert.

— *Gaza-Krieg* Als Reaktion auf den fortwährenden Raketen-Beschuss auf israelisches Gebiet durch die Hamas vom Gazastreifen aus begann die israelische Armee am 27. Dezember 2008 die Operation „Gegossenes Blei". Im Verlauf der Militäroffensive im Gazastreifen, die Mitte Januar 2009 mit einer einseitigen Waffenstillstandserklärung durch Israel endete, kamen nach palästinensischen Angaben 1.200 Menschen ums Leben, über 5.000 wurden verletzt. Über 4.000 Häuser wurden zerstört und die Infrastruktur schwer beschädigt.

— *Gelobtes Land* In der jüdischen und christlichen Tradition Bezeichnung für das Abraham und seinen Nachkommen von Gott verheißene Land Kanaan, in das die Israeliten zwischen dem 12. und 14. Jahrhundert v. Chr. eingewandert waren; auch Heiliges Land oder Palästina genannt.

— *Golanhöhen* Ein etwa 1250 Quadratkilometer großes Hochland im Südwesten Syriens, das von Israel im Juni 1967 besetzt und im Dezember

1981 annektiert wurde. Für die Besatzung macht Israel vor allem militär-strategische Gründe geltend, da Syrien vor 1967 vom Golan aus immer wieder israelisches Territorium beschoss. Israel und Syrien befinden sich seit 1948 im Kriegszustand, haben aber Waffenstillstandsabkommen geschlossen. Der Konflikt um den Golan gilt als Haupthindernis für einen Friedensschluss zwischen beiden Ländern.

— *Gräber der Patriarchen* In der Höhle Machpela in Hebron befindet sich nach biblischer Überlieferung die Ruhestätte der drei Stamm-väter der Israeliten Abraham, Isaak und Jakob und ihrer Frauen Sara, Rebekka und Lea. Die Gräber der Patriarchen sind eine der heiligsten Stätten des Judentums.

— *Groß-Israel* Vornehmlich von rechten Politikern wird immer wieder die Forderung nach einem Groß-Israel erhoben, das vom Mittelmeer bis an den Jordan reicht, also neben dem israelischen Staatsgebiet auch die palästinensischen Gebiete Gazastreifen und Westjordanland umfasst.

— *Grüne Linie* Waffenstillstandslinie des ersten Nahost-Krieges von 1948/49, die Israel vom Westjordanland bzw. Gazastreifen trennt. Sie gilt im Rahmen der Zwei-Staaten-Lösung als mögliche Grenze zwischen dem Staat Israel und einem zukünftigen palästinensischen Staat.

— *Halacha* (hebräisch; „Gehen", „Wandeln") Die Halacha ist die Gesamtheit der mündlich und schriftlich überlieferten Bestimmungen des Judentums. Sie regelt das Leben der Juden in allen Lebensbereichen entsprechend den jüdischen Traditionen.

— *Hamas* siehe Seite 87

— *Hebräer / Neuer Hebräer* Im Tanach, der hebräischen Bibel, werden die Angehörigen des Volkes Israel als Hebräer bezeichnet. Die im Zuge der zionistischen Bewegung seit dem Ende des 19. Jahrhunderts nach Palästina strömenden jüdischen Pioniere und ihre im Land geborenen Kinder betrachteten sich als deren Nachkommen und bezeichneten sich daher als Neue Hebräer.

— **Hisbollah** siehe Seite 88

— **Holocaust** (griechisch; „Ganzopfer", „Brandopfer") Bezeichnung für die planmäßige Ausgrenzung, Deportation und Ermordung von etwa sechs Millionen Juden im nationalsozialistischen Machtbereich 1933 bis 1945. Der überwiegend im angelsächsischen Bereich verwendete Begriff wurde erstmals 1944 von einem amerikanischen jüdischen Publizisten zur Bezeichnung des NS-Völkermords gebraucht. In Israel selbst hat sich der Begriff „Schoah" als die übliche Bezeichnung für den Holocaust etabliert.

— **IDF** (Abkürzung für englisch Israel Defence Forces – „Israels Verteidigungsstreitkräfte") Häufig gebrauchte Bezeichnung für die israelische Armee (siehe Zahal).

— **Ivrit** (hebräisch; „Hebräisch") Erste Amtssprache des Staates Israel, die auf dem biblischen Hebräisch basiert, das sich auch während der Diaspora als Sprache des Gebets und der Theologie erhielt. Bereits im Zuge der Aufklärung wurde versucht, das Hebräische um neue Worte und moderne Ausdrücke anzureichern. In Palästina verfolgte der Publizist und Forscher Elieser Ben Jehuda (1858 – 1922) konsequent und mit Erfolg das Ziel, Hebräisch in eine moderne Alltagssprache umzuwandeln und das daraus entstandene Ivrit als wichtigste Landessprache durchzusetzen.

— **Jaffa-Orangen** Die Zitrusfrucht war der erste israelische Exportschlager. Schon vor der Staatsgründung wurden Jaffa-Orangen vom Hafen Jaffa aus per Schiff nach Europa transportiert und avancierten rasch zum Markenzeichen des jungen Landes.

— ***Jecke*** (Plural: Jeckes, jiddisch; deutscher Jude) In Palästina bzw. Israel wurden und werden die aus dem deutschsprachigen Raum eingewanderten Juden als Jeckes bezeichnet.

— ***Jeridah*** (hebräisch; „Abstieg", im Gegensatz zu Alijah – „Aufstieg") Die Auswanderung von Juden aus Palästina/Israel.

— ***Jewish Agency for Palestine*** (englisch; „Jüdische Vertretung für Palästina"), seit 1948 „Jewish Agency for Israel". Das 1922 gebildete Exekutivorgan der Zionistischen Weltorganisation (ZWO) vertrat die Interessen der jüdischen Bevölkerung Palästinas gegenüber Großbritannien und dem Völkerbund und ab 1947 gegenüber den Vereinten Nationen. Heute ist sie vor allem als Einwanderungsbehörde und Bindeglied zwischen Israel und den Juden in der Diaspora von Bedeutung. So ist sie für die Organisation der Einwanderung nach Israel und die Integration der Einwanderer sowie für die Unterstützung zionistischer Organisationen in der Diaspora zuständig.

— ***Jiddisch*** Sprache der Aschkenasim, die ihren Ursprung im Mittelalter hat. Zunächst wurde sie nur gesprochen, ab dem späten 13. Jahrhundert schriftlich tradiert. Das Jiddische ist eine Mischsprache, die in Phonetik und Grammatik auf mittel- und oberdeutschen Dialekten beruht, während sich ihr Wortschatz aus deutschen, slawischen, hebräischen und romanischen Elementen zusammensetzt. Zu einer modernen Verkehrs- und Literatursprache wurde Jiddisch im 19. und 20. Jahrhundert. Durch den Holocaust wurde die Sprache fast ausgerottet. Bei einer wachsenden Zahl von Ultraorthodoxen in Israel gewinnt sie als Kommunikationsmittel heute an Bedeutung, weil bei ihnen Hebräisch als heilige Sprache gilt und deshalb im Alltag nicht gesprochen werden darf.

— *Jischuw* (hebräisch; „bewohntes Land") Bezeichnung für die jüdische Gemeinschaft Palästinas vom Beginn der zionistisch motivierten Einwanderung um 1882 bis zur Staatsgründung im Mai 1948. Der Jischuv war eine autonome politische Gemeinschaft, die mit ihren Institutionen die Staatsgründung vorbereitete und eine wichtige Grundlage für den späteren Staat darstellte.

— *Jom Ha Schoah* (hebräisch; „Tag der Katastrophe") Am nationalen Gedenktag für die Opfer der Schoah bleiben Restaurants, Kinos, Diskotheken und Theater abends geschlossen, die Fahnen wehen auf Halbmast, vielerorts werden Kerzen entzündet. Morgens um zehn Uhr ertönt eine Sirene, woraufhin im ganzen Land die Menschen für zwei Minuten im stillen Gedenken verharren. An der zentralen Gedenkfeier in Yad Vashem nehmen neben Überlebenden und ihren Angehörigen die höchsten Repräsentanten Israels teil.

— *Jom Kippur* (hebräisch; „Tag der Versöhnung") Höchster jüdischer Feiertag, der in der Synagoge verbracht und an dem streng gefastet und um Vergebung für die im letzten Jahr begangenen Sünden gebetet wird. An diesem Tag steht das Leben in Israel quasi still.

— *Jom-Kippur-Krieg* Israelische Bezeichnung für den vierten Nahost-Krieg, von den Arabern Oktober- oder Ramadan-Krieg genannt. Der Krieg begann am 6. Oktober 1973 und damit am höchsten jüdischen Feiertag Jom Kippur mit einem Überraschungsangriff Ägyptens und Syriens auf Israel. Nach anfänglichen territorialen Gewinnen der Angreifer konnte Israel das Blatt rasch wenden, die syrische Armee vom Golan vertreiben und tief nach Ägypten vorstoßen. Am 22. Oktober 1973 trat auf Druck der USA ein Waffenstillstand zwischen den Kriegsparteien in Kraft. Trotz ihrer militärischen Niederlage wurde der Krieg zu einem politischen Erfolg für die arabischen Staaten: Er zeigte, dass Israel nicht unverwundbar war.

— *Jored* (Plural Jordim, hebräisch; „Absteiger") Bezeichnung für Juden, die aus Palästina bzw. Israel auswanderten/auswandern.

— *Kibbuz* (Plural Kibbuzim, hebräisch; „Sammlung", „Siedlung") Landwirtschaftliche Gemeinschaftssiedlung, die auf genossenschaftlichem Eigentum, kollektiver Arbeit und basisdemokratischen Strukturen beruht. Wohnung, Nahrung, Kleidung, Kinderbetreuung und alle anderen Dienstleistungen werden vom Kibbuz bereitgestellt. Ursprünglich hatten seine Mitglieder, die Kibbuzniks, keinen Privatbesitz. Das hat sich inzwischen grundlegend geändert: Von den heute rund 270 Kibbuzim, die im Schnitt mehrere Hundert Einwohner zählen, hat weit mehr als die Hälfte den Weg in Richtung Privatisierung eingeschlagen.

— *Kiddusch* (hebräisch; „Heiligung") Lob- und Segensspruch bei einem Becher Wein, der am Vorabend des Schabbat oder eines Festes gesprochen wird.

— *Klagemauer* Westteil der Umfassungsmauer des herodianischen Tempelbezirks in Jerusalem, der bei der Zerstörung des zweiten Tempels 70 n. Chr. intakt geblieben ist. Seit dem Beginn des 16. Jahrhunderts gilt die 48 Meter lange und 18 Meter hohe Klagemauer als ein Ort der Versammlung und des Gebets der Juden. Nach dem ersten Nahost-Krieg von 1948/49 annektierte Jordanien die Altstadt von Jerusalem; damit war Juden der Zugang zur Klagemauer verwehrt. Nach der Eroberung und Besetzung Ostjerusalems durch Israel im Juni 1967 wurde vor der Klagemauer ein weiträumiger Platz geschaffen, auf dem Männer und Frauen in getrennten Bereichen beten. Die Klagemauer ist heute der bedeutendste jüdische Wallfahrtsort und ein nationales Symbol Israels.

— *Knesset* (hebräisch; „Versammlung") Israelisches Parlament mit Sitz in Jerusalem. Der Knesset gehören 120 Abgeordnete an.

— **Koscher** (hebräisch; „geeignet", „tauglich") Als koscher im Sinne von „rituell rein" werden Nahrungsmittel bezeichnet, die nach den jüdischen Speisevorschriften erlaubt sind und ihnen entsprechend zubereitet wurden. So müssen reine und somit erlaubte Tiere rituell geschlachtet werden, der Verzehr von Meeresfrüchten und Schweinefleisch ist generell verboten.

— **Libanon** Die Beziehungen zwischen Israel und dem Libanon sind von Konflikten und Kriegshandlungen geprägt. In den 1970er Jahren war der Norden Israels Terroraktionen durch die PLO ausgesetzt, die sich im Südlibanon eine Operationsbasis geschaffen hatte. 1978 besetzte Israel einen Grenzstreifen im Südlibanon, um Nordisrael vor diesen Terrorangriffen zu schützen. Im Juni 1982 begann Israel eine große Libanon-Invasion mit dem Ziel, die PLO, die Teile des Libanon kontrollierte, von dort zu vertreiben – was ihr auch gelang. Allerdings verstrickte sich die israelische Armee dabei in den libanesischen Bürgerkrieg und wurde mitverantwortlich an den Massakern, die christlich-libanesische Milizen in den palästinensischen Flüchtlingslagern Sabra und Schatila im September 1982 verübten. Die genaue Zahl der Opfer – überwiegend unbewaffnete Männer, Frauen und Kinder – ist nicht bekannt, die Angaben schwanken zwischen 800 und 3.000. Bis 1985 zog sich Israel aus dem größten Teil des Libanon zurück, behielt aber die Kontrolle über einen schmalen Streifen im Südlibanon. Diese so genannte Sicherheitszone diente als Puffer vor Angriffen militanter libanesischer Gruppen auf Nordisrael. Dennoch kam es immer wieder zu Raketenbeschuss vor allem durch die proiranische Hisbollah-Miliz. Im Mai 2000 wurde die Sicherheitszone von der israelischen Armee geräumt. Als Reaktion auf einen Überfall der Hisbollah auf eine israelische Patrouille, bei dem mehrere israelische Soldaten getötet und zwei entführt wurden, begann Israel im Juli 2006 den zweiten Libanonkrieg, der erst nach mehrwöchigen Kämpfen mit einem Waffenstillstand vorläufig endete. Im Laufe der Kriegs-handlungen verloren mehr als 1.100 Libanesen und 162 Israelis ihr Leben.

— **Masorti-Bewegung** (hebräisch; „traditionell") Neben der Orthodoxie und dem Reformjudentum eine der drei großen religiösen Strömungen innerhalb des zeitgenössischen Judentums. Die Masorti-Bewegung bemüht sich, eine sowohl zeitgemäße als auch die Traditionen des Judentums achtende Religionspraxis zu verwirklichen. Dabei schlägt sie einen Mittelweg ein zwischen der Reformbewegung, die radikale Neuerungen etwa im Ablauf des Gottesdienstes durchgesetzt hat, und der Orthodoxie, die sich als strikte Bewahrerin der jüdischen Tradition versteht. In der Masorti-Bewegung sind Frauen und Männer gleichberechtigt und Frauen als Rabbinerinnen und Kantorinnen tätig.

— **Menorah** (hebräisch; „Leuchter") Der siebenarmige Leuchter gehörte zum Kultgerät im ersten und zweiten Tempel. Nach der Zerstörung des Letzteren 70 n. Chr. wurde die Menorah als Beute nach Rom gebracht und ist seither verschollen. Sie war schon in der Antike das am häufigsten verwendete Symbol des Judentums. Im Mittelalter wurde sie zum Symbol für den dritten Tempel der messianischen Zeit und damit für die Hoffnung auf den Messias. Seit 1948 ist sie eines der Staatssymbole Israels.

— **Mizrachim** (hebräisch; „Die Östlichen") Bezeichnung für die Juden, die aus den islamischen Ländern des Nahen und Mittleren Ostens stammen, wie zum Beispiel Ägypten, Syrien, dem Iran, Irak, Libanon, Jemen, sowie für die Juden aus Nordafrika, die keine Sephardim sind. Die meisten Mizrachim haben nach der Gründung des Staates Israel im Mai 1948 ihre Heimat verlassen und sind nach Israel eingewandert.

— **Mossad** 1951 gegründeter israelischer Geheimdienst mit Hauptsitz in Tel Aviv, zuständig für Auslandsaufklärung (darin dem Bundesnachrichtendienst vergleichbar) und Geheimoperationen, etwa bei der Bekämpfung von Terroristen. Neben dem Inlandsgeheimdienst Schabak und dem militärischen Nachrichtendienst Aman ist der Mossad eine der drei Säulen des israelischen Geheimdienstnetzes.

— **Negev** Bezeichnung für den wüstenhaften Süden Israels, der mit rund 12.000 Quadratkilometern etwa 60 Prozent der Landesfläche umfasst. Der Negev mit seinem Zentrum Beersheba erstreckt sich zwischen dem Hafen Elat am Golf von Akaba, dem Toten Meer und dem Gazastreifen.

— **Oberrabbinat** Oberstes Entscheidungsgremium in Fragen der jüdischen Religion und des jüdischen Lebens in Israel mit Sitz in Jerusalem. Das Oberrabbinat nimmt die Aufsicht über die Tätigkeiten religiöser Instanzen, die Ernennung von Rabbinern und Religionslehrern, die Prüfungen zur rabbinischen Ordination und die Qualifikation der Richter an den jüdischen religiösen Gerichten wahr.

— **Oberster Gerichtshof** Höchste richterliche Instanz mit Sitz in Jerusalem. Die Urteile des Obersten Gerichtshofs, der als oberstes Berufungsgericht in zivil- und strafrechtlichen Angelegenheiten und als oberstes Verwaltungsgericht fungiert, sind für alle anderen Gerichte bindend. Seine Mitglieder – zurzeit sind es 14 – werden vom Staatspräsidenten auf Vorschlag eines Richterwahlausschusses ernannt, der aus drei Richtern des Obersten Gerichts, zwei Ministern, zwei Knessetabgeordneten und zwei Vertretern der Anwaltskammer unter Vorsitz des Justizministers besteht.

— **Olim** (Singular: Oleh, hebräisch; „Aufsteiger") Bezeichnung für jüdische Einwanderer nach Israel (siehe Alijah).

— **Orthodoxe** (griechisch; „Rechtgläubige") Streng religiöse Juden, die die Bestimmungen der Halacha im Alltag befolgen und sich zum Beispiel stets koscher ernähren. Für die orthodoxen Juden wurde die Thora unmittelbar von Gott offenbart. Nach ihrem Selbstverständnis gilt es, die jüdische Tradition unverändert zu bewahren. Innerhalb der Orthodoxie werden viele unterschiedliche Gruppen unterschieden, so dass die Bezeichnung eher als Sammelbegriff zu verstehen ist.

— **Osloer Abkommen / Osloer Verträge** Nahe der norwegischen Hauptstadt Oslo fanden zwischen Israel und der PLO Geheimgespräche statt, die 1993 zur gegenseitigen Anerkennung und zu einem Grundsatzabkommen führten. Dieses so genannte Oslo-I-Abkommen leitete einen Prozess ein, bei dem Israel nach und nach Territorium und politische Zuständigkeiten in den besetzten Gebieten an die zu diesem Zweck gebildete Palästinensische Autonomiebehörde (PA) übergeben sollte. Im September 1995 kam es zum Interimsabkommen („Oslo II"), das die stufenweise Rückgabe von Gazastreifen und Westjordanland an die Palästinenser sowie den Aufbau und die Selbstverwaltung der palästinensischen Autonomiegebiete präzisierte.

— **Palästina** (griechisch/lateinisch; „Philisterland"; arabisch „Filastin"; hebräisch „Erez Israel") Die Bezeichnung Palästina für das biblische „Kanaan", das in der jüdisch-christlichen Tradition auch „Gelobtes Land" bzw. „Heiliges Land" genannt wird, stammt aus dem 2. Jahrhundert n. Chr. Palästina erstreckt sich vom Libanongebirge im Norden bis zum Golf von Akaba im Süden, von der Mittelmeerküste im Westen bis zu den Bergländern östlich des Jordangrabens. Kernland sind die Gebiete nördlich der Linie Gaza – Beersheba – Totes Meer mit den drei historischen Landschaften Judäa, Samaria und Galiläa. Bis 1922 – damals wurde Palästina britisches Völkerbundsmandat – war es nie eine politische Einheit und hatte daher auch keine eindeutigen Grenzen.

— **Pessach** Eines der wichtigsten und ältesten Feste des Judentums, mit dem der Auszug der Israeliten aus Ägypten und der darauf basierende Bund Gottes mit seinem Volk gefeiert werden. Traditionell wird während der sieben Festtage im März/April nur ungesäuertes Brot gegessen, um daran zu erinnern, dass der Auszug so rasch erfolgen musste, dass zum Säuern des Brotes keine Zeit blieb.

— **PLO** siehe Seite 78 f. (Jassir Arafat)

— *Postzionismus* Ideologiekritische Richtung in der israelischen Geschichts- und Sozialwissenschaft, die das traditionelle zionistische Narrativ in Frage stellt. Die so genannten Neuen Historiker, zu denen auch Soziologen und Politologen zählen, legten Arbeiten vor, die Themen wie die Staatsgründung, den Unabhängigkeitskrieg oder den Umgang mit der Schoah in einem neuen Licht erscheinen ließen. Da die Thesen der Neuen Historiker am herrschenden israelischen Selbstverständnis rüttelten, verlagerten sich die Diskussionen rasch aus dem akademischen Raum in die israelische Öffentlichkeit. Bekannte postzionistische Wissenschaftler sind Simcha Flapan, Baruch Kimmerling und Avi Schlaim. Benny Morris, der zu den ersten „Neuen Historikern" gehörte, hat inzwischen eine ideologische Kehrtwende vollzogen.

— *Rabbiner* Ursprünglich war ein Rabbiner ein unentgeltlich arbeitender religiöser Lehrer des Judentums, heute ist er ein von einer jüdischen Gemeinde als Religionslehrer, Prediger und Seelsorger angestellter Geistlicher.

— *Reformjudentum* Neben der Orthodoxie und der Masorti-Bewegung eine der drei großen religiösen Strömungen innerhalb des zeitgenössischen Judentums. Das Reformjudentum versucht, die jüdische Religion mit moderner Lebensweise in Einklang zu bringen: Die Bedeutung der praktischen Sozialethik wird betont, viele jüdische Traditionen hingegen werden als veraltet abgelehnt. Seinen Ausgang nahm es Anfang des 19. Jahrhunderts in den jüdischen Gemeinden Deutschlands und breitete sich dann in den Ländern Mittel- und Westeuropas sowie den USA aus. Die Gottesdienste wurden verkürzt und ganz oder teilweise in der jeweiligen Landessprache gehalten, Orgel, Predigt und Kanzel von den Christen übernommen und die Geschlechtertrennung in den Synagogen aufgehoben. Heute zählt das Reformjudentum über eine Million Anhänger, vor allem in den USA ist es stark vertreten.

— **Roter Davidstern** (hebräisch: Magen David Adom – „Roter Schild Davids") 1930 gegründete Rettungsorganisation, die in ihren Aufgaben dem Roten Kreuz christlicher Länder entspricht und seit Juni 2006 vom Internationalen Komitee vom Roten Kreuz (IKRK) als nationale Hilfsgesellschaft anerkannt ist.

— **Rückkehrgesetz** 1950 von der Knesset verabschiedetes Gesetz, das jedem Juden weltweit das Recht zugesteht, nach Israel einzuwandern und die israelische Staatsbürgerschaft zugesprochen zu bekommen.

— **Schabbat** (hebräisch; „Ruhen") Wöchentlicher jüdischer Ruhe- und Feiertag zur Erinnerung an das Ruhen Gottes am siebten Tag der Erschaffung der Welt. Der Schabbat beginnt Freitagabend nach Einbruch der Dämmerung und endet Samstagabend bei Dunkelheit. Traditionell ist der Schabbat ein Tag der Ruhe, des Studiums, der Freude und des Friedens; es gilt ein Arbeitsverbot.

— **Schekel** Ursprünglich eine Gewichtseinheit für die Zahlung in Gold und Silber, die bereits im 3. Jahrtausend in Babylonien verwendet und von dort nach Kanaan eingeführt wurde. Seit der Zerstörung des Tempels 70 n. Chr. hatten die Juden keine eigene Währung, und der Schekel geriet in Vergessenheit. Ab 1897 Bezeichnung für den von den Mitgliedern der Zionistischen Weltorganisation zu entrichtenden Jahresbeitrag. 1969 wurde der Schekel als israelische Währung eingeführt, 1980 dann – als Mittel zur Währungsstabilisierung – der Neue Israelische Schekel (NIS).

— **Schoah** (hebräisch; „Verderben", „Untergang") Der biblische Begriff wurde erstmals 1942 in einer Erklärung der Jewish Agency für den Völkermord an den Juden im nationalsozialistischen Machtbereich verwendet. Spätestens mit der Staatsgründung 1948 hatte er sich als die in Israel übliche Bezeichnung für den Holocaust etabliert. Der Schoah wird in Israel alljährlich am Jom Ha Schoah gedacht.

— *Schtetl* (jiddisch; „Städtchen") Bezeichnung für die jüdischen Kleinstadtgemeinden in Osteuropa, in denen die Juden gemäß ihrer Religion und weitgehend isoliert von der christlichen Umwelt lebten. Das Schtetl, in dem jiddisch gesprochen wurde, stellte eine eigenständige jüdische Lebenswelt dar und bildete die Hochburg der ostjüdischen Kultur. Der Holocaust löschte das Schtetl aus.

— *Sechs-Tage-Krieg* Israelische Bezeichnung für den vom 5. bis 10. Juni 1967 dauernden Krieg zwischen Israel einerseits und Ägypten, Syrien und Jordanien andererseits, in dessen Verlauf Israel das Westjordanland mit Ostjerusalem, den Gazastreifen und die Golanhöhen eroberte.

— *Sepharde* (Plural: Sephardim, hebräisch; „Spanier") Bezeichnung für die Juden spanisch-portugiesischer Herkunft, die Ende des 15. Jahrhunderts von der Iberischen Halbinsel vertrieben wurden und sich anschließend in Südosteuropa, Nordafrika, Asien, aber auch in Holland, England, Nordwestdeutschland und Amerika niederließen. Heute – nicht ganz korrekt – als Sammelbegriff für Juden aus orientalischen Ländern gebräuchlich.

— *Schabak* (auch Schin Bet genannt) 1948 gegründeter israelischer Inlandsgeheimdienst, der auch für die besetzten Gebiete zuständig ist. Zu seinen Aufgaben zählen unter anderem Spionageabwehr, Terrorismusbekämpfung und der Schutz wichtiger Persönlichkeiten des öffentlichen Lebens.

— *Siedlungen* Bezeichnung für die Wohngebiete jüdischer Israelis, die nach dem Sechs-Tage-Krieg 1967 in den in diesem Krieg besetzten Gebieten errichtet wurden. 2009 lebten 280.000 Siedler im Westjordanland, 190.000 Siedler in Ostjerusalem und rund 20.000 Siedler auf dem Golan. Die Siedlungen auf der Sinai-Halbinsel und im Gazastreifen wurden 1982 bzw. 2005 von Israel geräumt.

— **Sinai-Krieg** Israelische Bezeichnung für den zweiten Nahost-Krieg, der Ende Oktober 1956 mit einem Angriff Großbritanniens, Frankreichs und Israels auf Ägypten begann. Auslöser war die ägyptische Blockade der Straße von Tiran für die israelische Schifffahrt. Britische und französische Truppen besetzten den von Ägypten zuvor verstaatlichten Suez-Kanal, Israel den Gazastreifen und weite Teile des Sinai. Im November 1956 wurden Großbritannien, Frankreich und Israel auf Druck der USA gezwungen, ihre Truppen in mehreren Etappen wieder abzuziehen. Sein wichtigstes Kriegsziel – die Schwächung des ägyptischen Staatspräsidenten Gamal Abd al-Nasser, dessen Aufrüstungspolitik Anlass zur Sorge gab – hatte Israel nicht erreicht, im Gegenteil: Abd al-Nasser stieg zur Führungsfigur in der arabischen Welt auf.

— **Sperranlage** Eine etwa 750 Kilometer lange Absperrung zwischen Israel und dem Westjordanland, mit deren Bau 2003 begonnen wurde und die bis heute nicht fertig gestellt ist. Umstritten ist vor allem der teilweise von der Grünen Linie abweichende Verlauf der Sperranlage, die von vielen Israelis als „Sicherheitszaun" und von den Palästinensern oft als „Apartheid-Mauer" bezeichnet wird.

— **Status-Quo-Vereinbarung** 1947 zwischen der zionistischen Führung und der ultraorthodoxen Partei „Agudat Jisrael" (AJ, hebräisch; „Vereinigung Israels") getroffene Vereinbarung über die Einhaltung religiöser Vorschriften und die Zuständigkeit des Rabbinats in Personalstandsfragen im künftigen jüdischen Staat.

— **Synagoge** (griechisch; „Versammlungsort der Gemeinde") Die sich versammelnde jüdische Gemeinde und ihr Versammlungsort, das Gottes-dienstgebäude. Die Synagoge war von Anfang an ein Mehrzweckbau: Sie dient zu Gebet, Studium und Unterricht, manchmal auch als Gerichtsgebäude und gesellschaftliches und kulturelles Zentrum der Gemeinde.

— *Talmud* (hebräisch: „Lernen", „Lehre", „Studium") Sammlung von Kommentaren und Diskussionen von Gelehrten zu Grundsatzfragen der jüdischen Religion, die in den ersten fünf Jahrhunderten n. Chr. entstand. Der Talmud, neben der hebräischen Bibel das Hauptwerk des Judentums, enthält neben philosophischen Fragen und Glaubenssätzen auch Vorschriften und Gebote. Es gibt einen Jerusalemer und einen Babylonischen Talmud.

— *Tanach* Die Heilige Schrift (Bibel) des Judentums, die aus drei Hauptteilen besteht: Thora („Weisung"), Nebiim („Propheten") und Ketubim („Schriften"). Die christlichen Kirchen haben in ihren Kanon der Bibel den Tanach mit einigen Abweichungen als so genanntes Altes Testament übernommen.

— *Thora* (hebräisch; „Lehre", „Unterweisung") Im weiteren Sinne bezeichnet Thora die gesamte jüdische Bibel, den Tanach, im engeren Sinne den ersten und wichtigsten Teil des Tanach, die fünf Bücher Mose (Pentateuch). Die Lesung aus dem Pentateuch gilt als Zentrum des religiösen Lebens im Judentum.

— *Ultraorthodoxe* Die Ultraorthodoxen zählen zum orthodoxen Judentum. Wie die Orthodoxen halten sie sich streng an die Regeln der Halacha. Im Unterschied zu diesen gilt den Ultraorthodoxen weltliches Wissen aber als unwesentlich, Pflicht des Mannes ist es, sich sein Leben lang dem Studium der heiligen Bücher zu widmen. Ein weiterer Unterschied zu den Orthodoxen besteht darin, dass die Ultraorthodoxen den Staat Israel ablehnen, weil sie glauben, dass ein Judenstaat nur vom Messias errichtet werden kann.

— *Unabhängigkeitskrieg* Israelische Bezeichnung für den ersten Nahost-Krieg 1948/1949, von den Arabern „Nakba" (arabisch; „Katastrophe") genannt. Der offene Krieg brach mit der Ausrufung des Staates Israel am 14. Mai 1948 aus, die auf dem von der arabischen Welt abgelehnten

UN-Teilungsplan von 1947 basierte. Ägypten, Transjordanien, Syrien, der Irak und der Libanon griffen daraufhin Israel an, das sich erfolgreich zur Wehr setzte und im Laufe der militärischen Auseinandersetzungen Gebiete hinzugewann, die seither zum international anerkannten Staatsgebiet Israels gehören. 1949 schlossen Israel und seine unterlegenen Kriegsgegner bilaterale Waffenstillstandsabkommen. Ein Friedensschluss erfolgte nicht, da die arabischen Staaten direkte Verhandlungen mit Israel ablehnten.

— *Unabhängigkeitstag*   Nationalfeiertag, an dem an die Erklärung der Unabhängigkeit am 14. Mai 1948 erinnert wird. Die offiziellen Feierlichkeiten werden traditionell auf dem Herzl-Berg in Jerusalem abgehalten. Das ganze Land ist mit Fahnen geschmückt, auf Plätzen und Straßen finden Volksfeste statt.

— *UN-Teilungsplan*   Bezeichnung für die UN-Resolution vom 29. November 1947, nach der das Mandat Großbritanniens über Palästina baldmöglichst beendet und Palästina in einen jüdischen und in einen palästinensischen Staat geteilt werden sollte. Jerusalem war als neutrale Enklave gedacht. Obwohl nur teilweise verwirklicht, gilt der UN-Teilungsplan bis heute als völkerrechtliche Legitimation sowohl des Staates Israels als auch des palästinensischen Rechtsanspruchs auf einen eigenen Staat.

— *Westjordanland*   Gemeinsam mit dem Gazastreifen bildet das rund 5.800 Quadratkilometer große Westjordanland (englische Bezeichnung: West Bank), das im Osten im Jordan und im Toten Meer seine natürliche Begrenzung hat, die Palästinensischen Gebiete. Im UN-Teilungsplan von 1947 wurde das Gebiet den Palästinensern zugesprochen, im ersten Nahost-Krieg von 1948/49 wurde es von Jordanien besetzt und später annektiert. Im Junikrieg von 1967 eroberte Israel das Westjordanland. In den Osloer Verträgen von 1993 und 1995 wurde zwischen Israel und der PLO der stufenweise Übergang zur palästinensischen Selbstverwaltung der West Bank vereinbart, deren Umsetzung nur teilweise gelang.

Das von der gemäßigten Fatah regierte Westjordanland mit seinem Zentrum Ramallah wird von der PLO und der internationalen Gemeinschaft neben dem Gazastreifen als Kerngebiet eines im Rahmen der Zwei-Staaten-Lösung zu bildenden palästinensischen Staates gesehen.

— **Wiedergutmachungsabkommen** siehe Seite 111

— **Wye-Abkommen** Interimsabkommen vom 23. Oktober 1998 zwischen Israel und der PLO über den weiteren israelischen Truppenrückzug aus dem Westjordanland. Das Wye-Abkommen, das unter Vermittlung des US-Präsidenten Bill Clinton und des jordanischen Königs Hussein II. zustande kam, trägt seinen Namen nach dem Verhandlungsort Wye Plantation nahe Washington.

— **Yad Vashem** siehe Seite 117

— **Zabar / Sabre** Süßschmeckende Kaktusfrucht mit stacheliger Außenhaut; Bezeichnung für in Israel geborene Juden, die nach dem Volksmund äußerlich hart, innen aber ganz weich sind.

— **Zahal** (hebräische Abkürzung für Zva Haganah le-Jisrael, Armee zur Verteidigung Israels, englische Abkürzung: IDF) Israels Streitkräfte, die am 31. Mai 1948 gegründet wurden. Höchste militärische Instanz in Israel ist der Chef des Generalstabs, der wiederum dem Verteidigungsminister verantwortlich ist.

— **Zena** (hebräisch; „Knappheit") Bezeichnung für eine Periode Anfang der 1950er Jahre, in der aufgrund der großen Zahl von Einwanderern Nahrungsmittel knapp und deshalb rationiert wurden.

— **Zion** Ursprünglich Name für einen Hügel Jerusalems und die auf ihm angelegte Burg, die von David erobert und danach Davidstadt genannt wurde. Später wurde dann auch der angrenzende Tempelberg Zion genannt und der Begriff schließlich auf ganz Jerusalem und Israel angewandt. Seit Beginn der jüdischen Diaspora steht Zion für die Sehnsucht nach einer Rückkehr in die biblische Heimat.

— **zionistisch / Zionismus** siehe Seite 13

— **Zionistische Weltorganisation (ZWO)** 1897 in Basel gegründete internationale Organisation mit dem Ziel, die Juden der Diaspora in einem jüdischen Gemeinwesen in Palästina zusammenzuführen.

— **Zweite Intifada** Als zweite oder Al-Aqsa-Intifada (nach der Al-Aqsa-Moschee auf dem Tempelberg in Ostjerusalem) wird der militante Aufstand der Palästinenser im Herbst 2000 bezeichnet. Auslöser der gewalttätigen Auseinandersetzungen waren der demonstrative Besuch des damaligen israelischen Oppositionsführers Ariel Scharon auf dem Tempelberg Ende September 2000 und die massive Niederschlagung der palästinensischen Proteste, die ihm folgten.

— **Zwei-Staaten-Lösung** Auf dem UN-Teilungsplan von 1947 basierende Option für die Lösung des Nahost-Konflikts, nach der es neben dem israelischen Staat einen palästinensischen Staat geben soll. Vor allem international hat sich die Zweistaatlichkeit als Lösungsmodell durchgesetzt. Weitgehender Konsens besteht darüber, dass der künftige palästinensische Staat im Wesentlichen den Gazastreifen und das Westjordanland umfassen soll. Strittige Frage sind vor allem der genaue Grenzverlauf, der künftige Status von Jerusalem sowie die Zukunft der jüdischen Siedlungen in Ostjerusalem und im Westjordanland.

19. Juni 1947 *Die Jewish Agency schließt mit den religiösen Parteien die so genannte Status-Quo-Vereinbarung.*

29. November 1947 *Die UN-Vollversammlung stimmt für die Teilung des britischen Mandatsgebiets Palästina in einen jüdischen und einen arabischen Staat und für die Internationalisierung Jerusalems. Die Palästinenser lehnen den UN-Teilungsbeschluss ab. In Palästina bricht daraufhin ein Bürgerkrieg aus.*

14. Mai 1948 *Das britische Mandat über Palästina endet. In Tel Aviv erklärt David Ben Gurion die Unabhängigkeit des Staates Israel.*

15. Mai 1948 bis Juli 1949 *Der Bürgerkrieg entwickelt sich nach dem Angriff mehrerer arabischer Staaten zum ersten Nahost-Krieg (in israelischer Terminologie „Unabhängigkeitskrieg").*

1948 bis 1951 *Jüdische Masseneinwanderung nach Israel aus arabischen Staaten, insbesondere aus Ägypten, dem Irak und dem Jemen, sowie aus Polen und Rumänien.*

25. Januar 1949 *Wahlen zur 1. Knesset.*

Februar bis Juli 1949 *Israel schließt Waffenstillstandsabkommen mit Ägypten, dem Libanon, Transjordanien und Syrien.*

23. Januar 1950 *Die Knesset erklärt (West-)Jerusalem zur Hauptstadt Israels.*

5. Juli 1950 *Die Knesset verabschiedet das Rückkehrgesetz.*

10. September 1950 *Jordanien annektiert das Westjordanland und Ostjerusalem.*

10. September 1952 *Israel und die Bundesrepublik Deutschland unterzeichnen das Luxemburger Abkommen über „Wiedergutmachung".*

1956 Zweiter Nahost-Krieg („Sinai-Krieg") zwischen Ägypten auf der einen, Großbritannien, Frankreich und Israel auf der anderen Seite.

1955 bis 1957 Jüdische Einwanderung nach Israel vor allem aus Nordafrika.

14. März 1960 Erstes Treffen von David Ben Gurion und Konrad Adenauer in New York.

1961 In Jerusalem findet der Eichmann-Prozess statt.

1964 Die Palästinensische Befreiungsorganisation (PLO) wird gegründet.

12. Mai 1965 Israel und die Bundesrepublik Deutschland nehmen diplomatische Beziehungen auf.

5. bis 10. Juni 1967 Dritter Nahost-Krieg („Sechs-Tage-Krieg") zwischen Israel einerseits und Ägypten, Syrien und Jordanien andererseits; Israel besetzt die Sinai-Halbinsel, das Westjordanland mit Ostjerusalem, die Golanhöhen und den Gazastreifen.

1. September 1967 Die arabischen Staaten verabschieden in der sudanesischen Hauptstadt die Khartum-Resolution. Sie enthält die „drei Neins": Nein zu Frieden mit Israel, Nein zur Anerkennung Israels, Nein zu Verhandlungen mit Israel.

Oktober 1973 Vierter Nahost-Krieg („Jom-Kippur-Krieg") zwischen Ägypten und Syrien auf der einen und Israel auf der anderen Seite.

20. November 1977 Der ägyptische Staatspräsident Anwar as-Sadat hält eine Rede vor der Knesset.

26. März 1979 Ägypten unterzeichnet als erstes arabisches Land einen Friedensvertrag mit Israel.

30. Juli 1980 Die Knesset verabschiedet das Grundgesetz, in dem das „vereinigte Jerusalem" zur Hauptstadt Israels erklärt wird.

30. September 1980 Das Israelische Pfund wird durch den Israelischen Schekel (IS) ersetzt.

14. Dezember 1981 Israel anektiert die Golanhöhen.

25. April 1982 Israel zieht sich vollständig vom Sinai zurück.

1982 Fünfter Nahost-Krieg („Libanon-Feldzug"). Ziel des israelischen Einmarsches im Libanon ist die Schwächung der PLO, die von Beirut aus ihre Angriffe auf Siedlungen im Norden Israels koordiniert. Obwohl Israel sein Ziel erreicht, wird der Krieg wegen der hohen Zahl der zivilen Opfer und massiven Zerstörungen international und in Israel selbst heftig kritisiert.

25. September 1982 In Tel Aviv findet eine Massendemonstration der Friedensbewegung „Frieden jetzt" mit 400.000 Teilnehmern gegen den Libanonkrieg statt.

1984 bis 1985 Die „Operation Moses" bringt etwa 10.000 äthiopische Juden nach Israel.

Februar bis Juni 1985 Israelischer Teilrückzug aus dem Libanon.

1987 Die Hamas wird gegründet.

8./9. Dezember 1987 Ausbruch der ersten Intifada.

1988 Die PLO ruft den Staat Palästina aus.

1989 Beginn der Masseneinwanderung aus der Sowjetunion nach Israel.

18. Januar bis 25. Februar 1991 Der Irak schießt während des Zweiten Golfkriegs Raketen auf Israel ab.

23. bis 25. Mai 1991 „Operation Salomo" zur Evakuierung äthiopischer Juden.

30. Oktober bis 2. November 1991 In Madrid findet eine Nahost-Friedenskonferenz statt, an der erstmals sowohl Israel als auch Jordanien, in dessen Delegation sich palästinensische Vertreter befinden, Syrien und der Libanon teilnehmen.

20. Januar bis 20. August 1993 Geheimverhandlungen zwischen Vertretern Israels und der PLO bei Oslo.

April 1993 Die Hamas beginnt mit Selbstmordattentaten in Israel.

13. September 1993 Das Oslo-Abkommen wird in Washington unterzeichnet. Darin erkennen sich Israel und die PLO gegenseitig an.

26. Oktober 1994 Israel und Jordanien schließen einen Friedensvertrag.

10. Dezember 1994 Jizchak Rabin, Schimon Peres und Jassir Arafat erhalten den Friedensnobelpreis.

28. September 1995 Das Interimsabkommen zwischen Israel und der PLO über die Ausdehnung der palästinensischen Selbstverwaltung im Westjordanland, Oslo II, wird in Washington unterzeichnet.

4. November 1995 Premier Jizchak Rabin wird auf einer Friedenskundgebung in Tel Aviv durch den jüdischen Extremisten Jigal Amir ermordet.

20. Januar 1996 Jassir Arafat und seine Fatah-Partei gewinnen die ersten Parlamentswahlen in den Palästinenser-Gebieten.

23. Oktober 1998 Israel und die Palästinensische Autonomiebehörde unterzeichnen das Wye-Abkommen, das eine Ausweitung der palästinensischen Selbstverwaltung vorsieht.

24. Mai 2000 Israel schließt seinen Rückzug aus dem Südlibanon ab.

28. September 2000 Ausbruch der zweiten Intifada.

8. Juli 2003 Baubeginn der Sperranlage zum Westjordanland.

11. November 2004 *Palästinenserpräsident Jassir Arafat stirbt in Paris und wird einen Tag später in Ramallah beigesetzt. Sein Nachfolger wird Mahmud Abbas.*

August/September 2005 *Die israelische Armee räumt alle jüdischen Siedlungen im Gazastreifen.*

26. Januar 2006 *Die Hamas siegt bei den Parlamentswahlen im Westjordanland und Gazastreifen.*

12. Juli bis 14. August 2006 *Zweiter Libanonkrieg Israels, ausgelöst durch einen Überfall der Hisbollah auf israelische Soldaten, von denen mehrere getötet sowie zwei entführt werden.*

Mitte Juni 2007 *Die Hamas übernimmt gewaltsam die Macht im Gazastreifen.*

17. März 2008 *Erste gemeinsame deutsch-israelische Regierungskonsultationen in Jerusalem.*

27. Dezember 2008 bis Mitte Januar 2009 *Fortwährender Raketenbeschuss auf israelisches Gebiet durch die Hamas, auf den Israel mit einer Militäroffensive im Gazastreifen reagiert.*

10. Februar 2009 *In Israel finden Parlamentswahlen statt, aus denen die liberale Partei Kadima als stärkste Fraktion hervorgeht. Da die rechten Parteien gemeinsam über eine sichere Mehrheit verfügen, wird Likud-Chef Benjamin Netanjahu mit der Regierungsbildung beauftragt und am 31. März 2009 als Ministerpräsident einer aus sechs Parteien bestehenden Koalitionsregierung vereidigt.*

11. April 2009 *Die Stadt Tel Aviv feiert ihr hundertjähriges Jubiläum.*

18. Januar 2010 *Zweite deutsch-israelische Regierungskonsultationen in Berlin.*

Nicole Alexander

— Weiterführende Informationen

Avidan, Igal: Israel. Ein Staat sucht sich selbst, München 2008, 216 S. Kritische Bestandsaufnahme israelischer Geschichte und Politik in einer Mischung aus Interviews und Hintergrundberichten.

Balke, Ralf: Israel. München 2007 (3., neu bearbeitete Auflage), 224 S. Fundierte Einführung in Geschichte, Politik, Wirtschaft und Gesellschaft Israels sowie in den Nahost-Konflikt.

Borgstede, Michael: Leben in Israel. Alltag im Ausnahmezustand, München 2008, 255 S. Lebensnahes Porträt des Alltags mit Berichten von Holocaust-Überlebenden, arabischen Israelis, Gastarbeitern und Orthodoxen.

Bundeszentrale für politische Bildung / bpb (Hg.): Israel. Informationen zur politischen Bildung 278, Bonn 2008 (überarbeitete Neuauflage), 82 S. Kompakter Überblick über Geschichte, Gesellschaft, Wirtschaft und Politik. Mit zwei ausführlichen Kapiteln zum Nahost-Konflikt.

Dies.: 40 Jahre deutsch-israelische Beziehungen, Informationen zur politischen Bildung aktuell, Bonn 2005, 24 S. Übersicht über den aktuellen Stand der deutsch-israelischen Beziehungen.

Flug, Noah / Schäuble, Martin: Die Geschichte der Israelis und Palästinenser (Schriftenreihe der bpb Bd. 691), München 2007, 208 S. Geschichte des Nahost-Konflikts aus der Sicht von Zeitzeugen

Rosenthal, Donna: Die Israelis. Leben in einem außergewöhnlichen Land (Schriftenreihe der bpb Bd. 599), München 2007, 409 S. Unterhaltsamer Einblick in den israelischen Alltag und das nicht immer reibungsfreie Zusammenleben.

Segev, Tom: Die ersten Israelis. Die Anfänge des jüdischen Staates, München 2008, 414 S. Klassiker der israelischen Geschichtsschreibung, der diverse zionistische Mythen über die Staatsgründung Israels in Frage stellt.

Timm, Angelika: Israel – Gesellschaft im Wandel, Wiesbaden 2003, 327 S. Interessanter Überblick über die Veränderungsprozesse in der israelischen Gesellschaft seit Ende der 1980er Jahre.

Wolffsohn, Michael: Israel. Geschichte, Politik, Gesellschaft, Wirtschaft, 7. Auflage, Wiesbaden 2007, 523 S. Als Klassiker geltendes Handbuch, das mit vielen Tabellen, Grafiken, Statistiken und Hintergrundinformationen aufwartet.

Yaron, Gil: Jerusalem. Ein historisch-politischer Stadtführer (Schriftenreihe der bpb Bd. 675), München 2007, 240 S. Kenntnisreiche Einführung in Geschichte und aktuelle Probleme der für drei Weltreligionen bedeutsamen Stadt.

www.bpb.de/themen/OHUXTC,0,60_Jahre_Israel.html
Online-Dossier der bpb zu Israel.

www.hagalil.com
Jüdisches Online-Magazin

ken / lo Ja / Nein

bevakascha / toda (raba)! Bitte / (Vielen) Dank(e)!

ßlicha Entschuldigung

schalom! Hallo! Tschüß!

bóker tov! Guten Morgen!

bóker or! Guten Morgen! (Antwort)

érev tov! Guten Abend!

lájla tov! Gute Nacht!

baruch haba! Herzlich willkommen!

lehitra'ot! Auf Wiedersehen!

ech kor'im lecha / lach? Wie heißt Du? (m/w)

ma nischma? Wie geht's?

tov (meod), toda. (Sehr) gut, danke.

hakol beßéder. Alles in Ordnung.

kácha, kácha. So, so.

bete'avon! Guten Appetit!

lechájim! Prost!

efschar la'asor li? Können Sie mir helfen?

míschehu po medaber anglit? Spricht hier jemand Englisch?

ani medaber / medaberet en ivrit Ich spreche kein Hebräisch (m/w)

(éfo) jesch (po)…? (Wo) gibt es (hier)…?

jesch lecha / lach… Haben Sie (m/w)…

ken, jesch / lo, en Ja, gibt es. / Nein, gibt es nicht.

ani mechapeß / zarich… Ich suche(m) / brauche (m)…

ani roze / roza… Ich will (m/w)…

ten / tni li bevakascha et… Geben Sie (m/w) mir bitte…

éfo efschar liknot…? Wo kann man…kaufen?

káma se ole? Wie viel kostet das?

efschar leschalem? Kann ich (bitte) zahlen?

éfo? Wo ist…?

ech ani magí'a le…? Wie komme ich zu / nach…?

kach oti le…bevakascha Bringen Sie mich bitte nach…

bet malon Hotel

jamina rechts

ßmola links

jaschar geradeaus

mataj Wann?

ma? Was?

ma hascha'a? Wie spät?

Historische Karte: Israel 1948/49–1967

LIBANON

100 000

75 000

SYRIEN

Akko

Safed

Haifa

Nazareth

Mittelmeer

Yarmuk

Jenin

IRAK
4 000

Nablus

Cis-Jordanien
*(1948/49-1967
Jordanien angegliedert)*

Tel Aviv

Jaffa

Jordan

Amman

280 000

Jerusalem
(geteilt)

*(1948-1967 von
Ägypten militärisch
verwaltet)*

Bethlehem

70 000

*Totes
Meer*

Gaza

Gaza

Hebron

190 000

Beersheba

ISRAEL

JORDANIEN

Al-Audsha
*(Neutrale
Zone)*

7 000

N e g e v

1948/49 von Israel
besetzte Gebiete

Waffenstillstandslinie
1949 ("Green Line")

S i n a i
*(10.1956-3.1957
von Israel besetzt,
Suezkrise)*

UN-Teilungsplan 1947

Stadtgebiet von
Jerusalem

Palästinensische
Flüchtlinge

7 000

ÄGYPTEN

Elat

Akaba

*Golf von
Akaba*

0   50 km

(c) Kämmer-Kartographie, Berlin